社長！事業承継はどうしますか？

M＆A経験者が教える
事業売却で起こることのすべて

お金の事／人の事／社長自身の事

事業承継・M&Aコンサルタント
継活大学 学長
西川正悟 著

三恵社

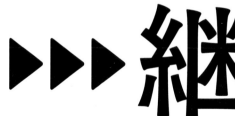

はじめに

ある日の夕方、「今日は疲れがやけに溜まっているなあ」と思いながら床につきました。すると深夜、突然腹部に激痛が走り、あまりの痛さに耐えきれず、妻に頼んで近所の診療所に連れて行ってもらいました。診療所からは、総合病院へ行くようにと言われ、朝になるのを待って総合病院に行きました。

「どうせ軽い食中毒かなにかだろう。薬をもらったら帰って仕事をしよう」と思っていたら、医師から「即入院してください。今日は帰ってはいけません、異常値が出ています」と言われました。「仕事があるから帰らせてください」と言っても、「危険な状態ですから」と言うばかりで、許可してもらえませんでした。突然、わけもわからず緊急入院をすることになった私に告げられた病名は、2つの難病とガンでした。

病名を告げられるその瞬間まで、私は自分のことを鉄人・無敵だと思い込んでいました。次から次へと重い病名を告げられ、さらには余命・生存確率を告げられた時には、さすがの私もどん底に突き落とされたような感覚に襲われ、病室のベッドで朝まで眠れなかったことを覚えています。


私は長い間、自他共に認める「仕事人間」でした。

死ぬまで一生、仕事を続けていく！

仕事中に命を落としてもいい！

仕事場で死ねればかっこいい。最高の人生だ！

とまで考えていたほどでしたが、いざ死が身近になると、考えは180度変わりました。


寝食を忘れて打ち込める仕事があることは素晴らしいことです。それに、今後の会社の継続、成長も大切です。しかし、もし自分自身が死んでしまったら、お客様や金融機関、そしてスタッフ、残された家族に大きな迷惑がかかるのだと知ることになりました。

この先も勢いだけで突っ走っていいわけがない、自分だけの問題じゃないんだと考え直すようになり、頭に浮かび始めたのが会社の存続に関することでした。

2025年には団塊世代が75歳以上の後期高齢者となり、約245万人の中小企業・小規模事業者の経営者が引退すると予想されています。

経営者の約半数にあたる127万人が「後継者は未定」と回答している現状から、経済産業省と中小企業庁は日本企業全体の3分の1の中小企業・小規模事業者が廃業に追い込まれる可能性があると試算しています。

この本を手に取ったあなたも、おそらく会社の行く末に悩んでおられると思います。伝統的な家業や地域に根ざした事業を持つ中小企業にとって、後継者不在の問題は深刻です。「後継者がいなければ廃業するしかない」との考えから、誰にも相談できずに廃業の日を待つ――このような悩みを抱えているのは、あなただけではありません。

現在、後継者不在を解決する方法として「M&A」による事業承継が注目されています。

M&Aというと、大企業の合併や買収といったイメージがあるかもしれません。しかしM&Aは会社の規模に関わらず、事業承継や事業売却を考える有効な手段です。選択肢のひとつとして知っておいて損はありません。

私自身、父から承継した会社をM&Aで売却しました。最初から売却を決意していたわけではなく、いくつかの選択肢から最適と思われる道を選択しました。

結果的にM&Aを選択しましたが、そこに至るまでは不明なことばかりで、相談できる相手もいませんでした。守秘義務がありますので、第三者へ相談するわけにもいきません。書店に並ぶM&A関連の書籍を読みあさりましたが、M&Aを決意する前段階の悩みや疑問を解決してくれる本はほとんどありませんでした。

M&A後、知り合いの経営者から「話を聞かせてほしい」と相談を受けるようになりました。どのような経緯でM&Aを決意したのか、M&Aの交渉とはどういうものなのか、リアルな話を知りたい経営者は想像以上に多いようです。

私自身の経験をお話しするうちに「M&Aについてリアルに語った書籍があれ

ば、経営者たちの悩みに寄り添えるのではないか」と考えるようになり、本書を上梓することを決意いたしました。

事業承継の問題は非常にデリケートです。誰にも相談できず「廃業」の一択しかないと思い込む経営者もいます。親から承継した事業を他人に売却するなんて恥ずべきことであり、社長として就任した以上、死ぬまで社長であり続けなければならない、そんなふうに思ってはいないでしょうか。

「倒れるまで頑張る」
「自分が死んだら会社も終わりでよい」

本当にそれでよいのでしょうか？

誰でもずっと健康で、ずっと業績も良く、死ぬまで社長として働きたいと願うもの。二代目社長の私でさえ、会社を売却するときには罪悪感がありました。しかし、人は必ず老います。予期せぬ病気や事故に遭うかもしれません。
私のように、ある日突然予想もしない出来事に見舞われることになったら、あなたの会社はどうなってしまうでしょうか。

先のことなど誰にもわかりませんが、それでもしっかりと準備をしておくことは大切です。

いきなり会社の今後という難題に向き合い、すぐに決断を下せる人は多くありません。ですから、本書は経営者であるあなたが、自分自身や会社とじっくり向き合っていただくための一冊となるよう、実践ワークを複数おり混ぜ、読み進めるほどに会社の今後について思考が整理されていくような構成にしています。

事業承継はある日突然やってくるかもしれません。
本書が、今まで気付かなかった自社の魅力や価値に気付き、事業承継に対する考え方を見直すきっかけになるかもしれません。堅苦しくなく最後まで読んでいただけるよう、ところどころ私の実体験や経営者としての本音もお伝えしていきます。本書が、あなたの会社の今後を考えるきっかけとなれば幸いです。

目次

6章　より後悔のない人生を送ろう

1章

会社の行く末を考え始めたあなたへ

1-1 どの道を選ぶことが「正解」なのか？

誰かにバトンを渡さなければならない、でも後継者がいない

突然ですが、あなたには会社を受け継いでくれる後継者がいますか？

このように聞かれた時、あなたはどのようなことを考えられましたか？

すぐに子どもの顔や信頼できるスタッフの顔が浮かんだ人もいれば、誰の顔も浮かばなかった人もいると思います。あるいは、特に後継者はいないけれど、心のどこかで「後継者の話はもう少し先のことだ」「まだ十分経営はできる」と思われた人もいるかもしれません。


なぜいきなりこのような質問をしたかというと、経営者にとって承継というの

は、後継者の有無に関わらず重大なテーマになるからです。後継者問題がどれほど重要なのかはこれから本書でお伝えしていきますが、この問題について胸襟を開いて相談できる機会はまだまだ少ないのが現状です。

私の周囲でも、後継者問題を抱えている経営者に聞いてみると、「事業を引き継ぐ子どもがいないのに、誰にも相談できない」や「もう店仕舞いするしかないんじゃないか」「いざとなったら潔く引退するよ」という返事ばかりで、具体的に後継者問題と向き合えている人はあまりいません。

後継者問題は、経営者にとってナーバスな問題にも関わらず、詳しいことを学ぶ機会が乏しかったり、相談できる相手がいなかったりする現状も、背景にあるかもしれません。経営者としては自分の会社のことなので、いずれこの問題について真剣に考えなければいけない時がくることはわかっているはず。でも、今すぐ向き合わなければならない状態ではない限り、「まだ大丈夫」「いつかは……」「そのうち……」と思い、気付いては忘れ、また思い出しては忘れるという状況を繰り返してしまうのかもしれません。

今、日本では後継者不在の問題が深刻化しており、国全体の課題ともいえる状況となっています。後継者不在問題の原因の一つには、経営者の子どもや親族が会社を継ぐ意志を持たず、別の道を選ぶケースが増えていることが挙げられます。また、経営者自身が何らかの理由で子どもへの承継を躊躇することもあります。

後継者への承継は単なる経営のバトンタッチ以上のものがあり、新しい経営者には多大な責任が伴うため、たとえ子どもがいても簡単に承継できるとは限りません。最終的に悩んだ挙げ句、「自分の代で店仕舞いをするしかない」と考える経営者が出てくるのは当然のことといえます。

ある調査では、全国の社長の平均年齢は60・3歳（※2021年12月時点）と過去最高を記録したという報告がありますが、その60歳以上の経営者のうち半数以上が将来的な廃業を予定しているとの結果が出ています。

さらに廃業を予定している経営者のうち、約3割が廃業の理由を「後継者不在」と答えていますから、後継者問題で悩まれているのは決してあなただけでないことがわかります。

仮に、後継者になってくれそうな子どもが「いる」場合であっても、後継者問題について悩むのは同じです。「はじめに」でお伝えした通り、私は父から会社を承継しましたが、そのときの苦労や経営者としての日々を考えると、かわいい我が子に同じ道を歩ませるべきか躊躇してしまいます。それは、実際M&Aを行い、会社を手放した今でも同じことがいえます。

最終的に私はM&Aによる事業売却を選択したわけですが、それが最適解であったのかと問われると、答えに窮してしまいます。

「もっと他の選択肢はなかったのか」
「子どもの成長を待てばよかったのでは」
「この選択肢が一番よかった」

と、今なお頭の中でさまざまな思考が巡ることを踏まえると、それだけ会社承継の問題は答えのない難しい問題なのだと実感します。

いわずもがな、会社の後継者問題は会社の存続に関わる重大な問題であり、間違いなく経営者にとっても経営者人生の総決算かつ最重要課題です。この最重要課題は、今すぐ解決しなければならないことではないかもしれませんが、本書を手にしているのであれば、いずれ必ず向き合うことになります。

しかし、いきなり何かを決断するのは難しいはずです。後継者問題を抱えていることは事実でも、誰にも相談できず、自分がどのような選択をすべきかわからずにいるのが現実だと思います。

自分が情熱をかけて育ててきた会社の将来について決断を、すぐにできないのは当然です。でも、いずれ向き合わなければならないのであれば、このタイミングで少しずつ準備していくことが大切です。

入念な準備を行うことで、避けられる失敗や選択ミスもありますし、何よりあなた自身の心と頭の整理がつき、会社を離れた後の人生を充実させることにもつながります。

図 1-1 後継者不在率推移（全国全業種）

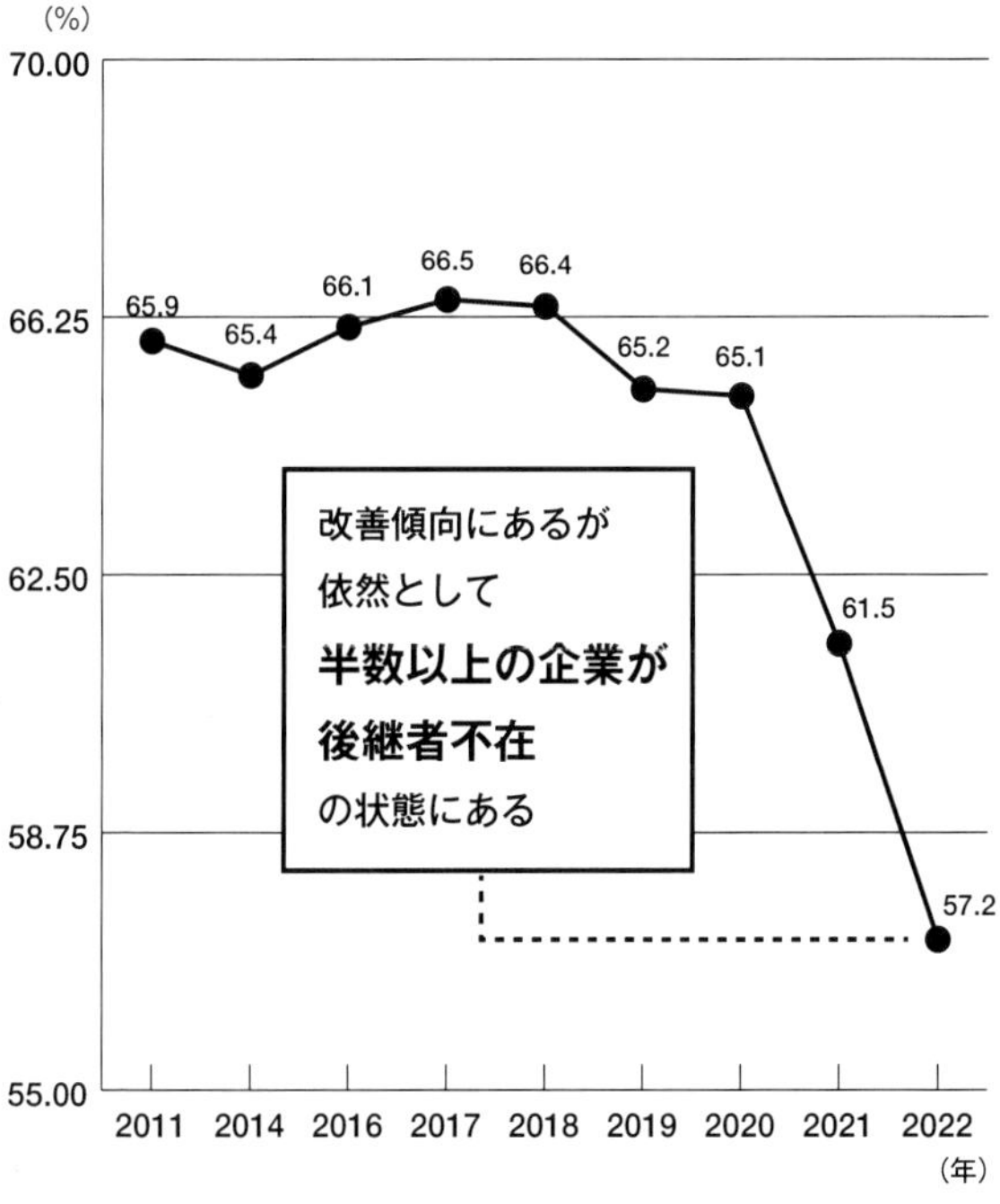

参考：帝国データバンク

後継者問題は今後ますます深刻化する

先ほど、後継者不在問題は国全体の問題となっている話をしましたが、この問題は将来的に解消される見込みがあるのでしょうか。

２０２２年の「後継者不在」状況調査では、後継者がいない、または未定とした企業が57・2％にも及んでいます。２０１１年の65・9％よりも改善しているものの、依然として半数以上の企業が後継者不在に悩んでいるということになります。

したがって中小企業の後継者問題は、今後もますます多くの企業が直面する課題といっても過言ではありません。

M&A市場の拡大からも、後継者問題の深刻さがわかる

後継者問題と関連の強い市場に、M&Aの市場があります。

私自身も行ったM&Aは、第三者に会社や事業を引き継ぐ意向がある会社と、

図 1-2 国内 M&A の件数の推移

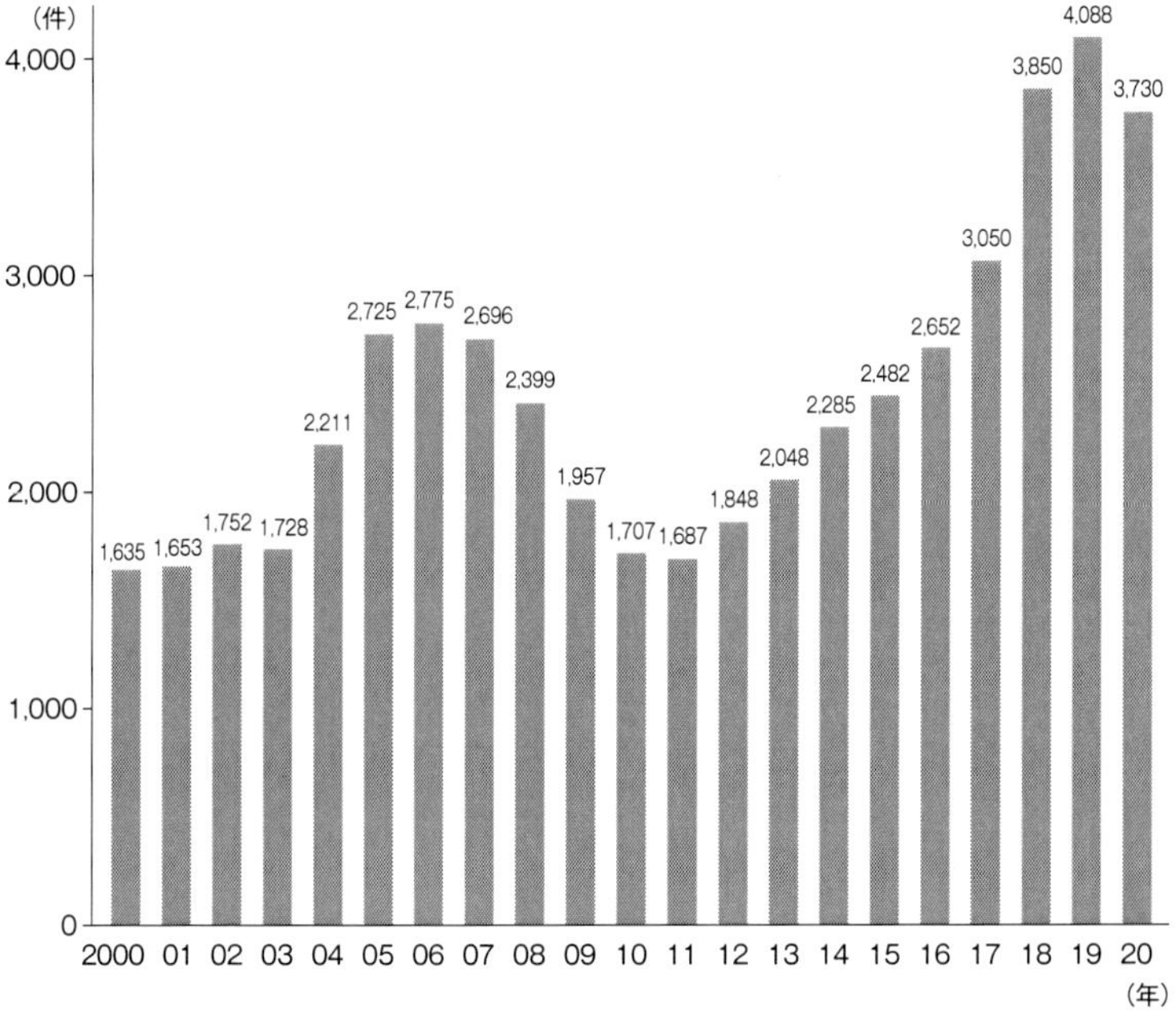

参考：中小企業庁

他社から会社や事業を譲り受け、自社の事業拡大を目指す会社をマッチングすることで、後継者問題を解決できるというメリットがあります。

図1-2では、M&A件数は近年増加傾向で推移しており、2019年には4000件を超え、過去最高となっています。2020年は記憶にも新しい、新型コロナウイルス感染症の流行の影響もあり、やや減少していますが3730件と高水準となっていることがわかります。

このグラフにある件数はあくまでも公表されている件数であると考えると、M&A市場は更に活発化しているといえます。

全国都道府県には、事業引継ぎ支援センターという機関が設置されています。これは、第三者に会社や事業を引き継ぐ意向がある会社と、他社から会社や事業を譲り受け、自社の事業拡大を目指す会社をマッチングの支援を行う専門機関です。

次の図は、その事業引継ぎ支援センターに寄せられた相談件数と成約件数の推移をグラフにしたものです。さきほどは実際にM&Aを実施した件数のグラフで

図 1-3 後継者不在率推移（全国・全業種）

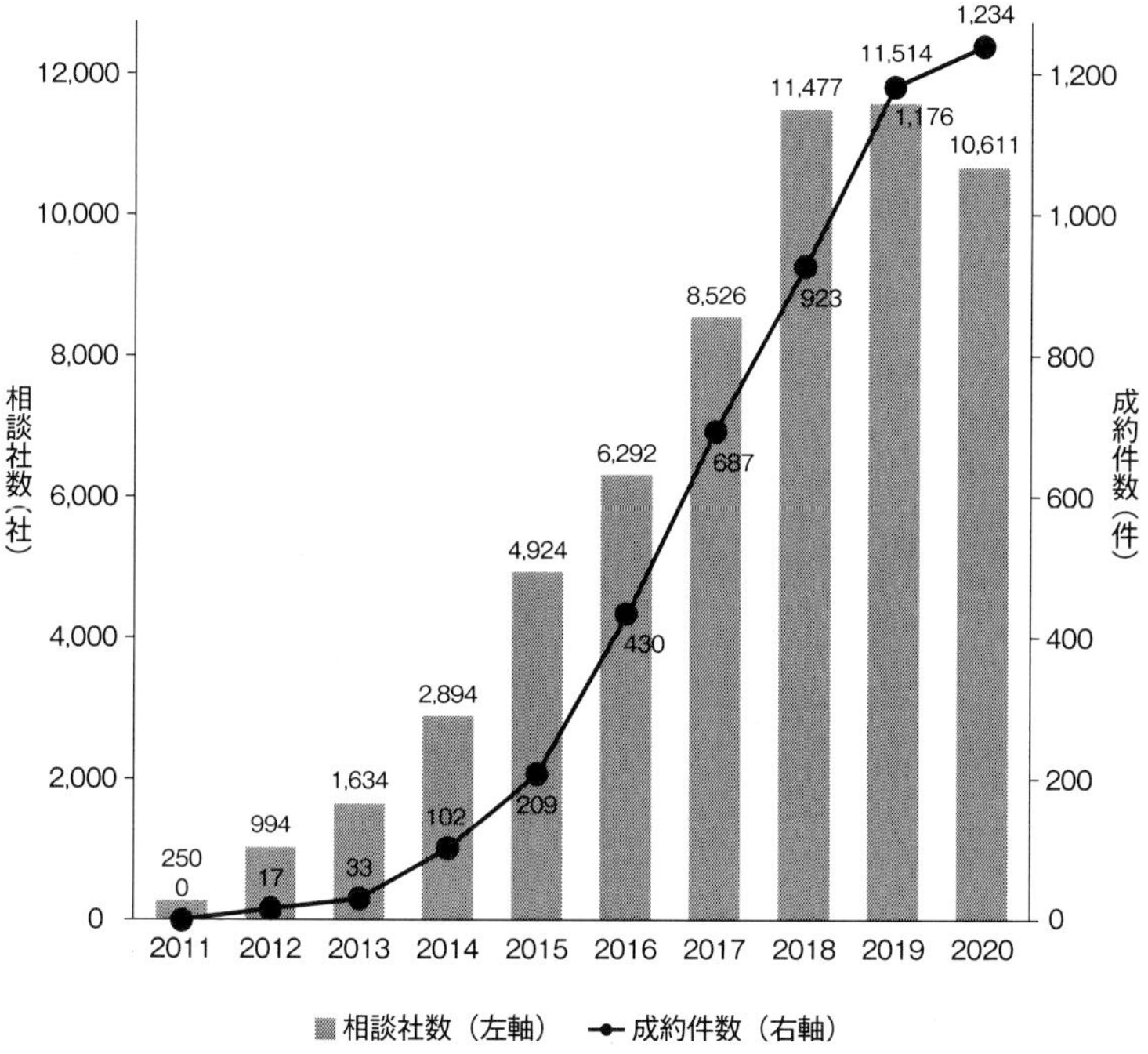

参考：中小企業庁

したが、まだ成約はしていない段階でも、相談件数・成約件数ともに近年増加傾向にあることがわかります。

図1-3のM&A市場の推移からも、いかに国内の企業が後継者問題に直面しているかがおわかりいただけると思います。

1-2 後継者不在に悩んだときの選択肢

バトンタッチの方法をあらゆる角度から検討する

前節1-1では、後継者不在の問題は日本全体で深刻な課題となっていることについてお伝えしました。自分だけが後継者問題を抱えているわけではないことはおわかりいただけたかと思いますが、あなたが知りたいのはその解決方法だと思います。

後継者となる子どもや親族がいないときや、会社を引き継いでくれる従業員が見つからない場合は、どのように解決していけばよいのでしょうか。一般的な解決方法としては、事業承継と事業売却、そして廃業の3つがあります。

事業承継

事業承継は、会社を後継者に引き継ぐことです。

後継者は子どもや親族だけでなく、従業員、外部から招へいした人物などの第三者が承継するのが一般的です。経営権だけでなくこれまで培ってきた仕事のノウハウや経営理念、取引先との関係を引き継いでもらうことで、円滑なバトンタッチが可能になります。

事業売却（M&A）

事業売却とは、会社を他社へ売却することです。

設備などの有形財産、人材、特許等の知的財産権、販路、顧客リストや借入などの負債も含めて会社の所有権が他社に移ります。一部だけを売却する「事業譲渡」も可能で、どこまで売却するのかは売り手と買い手の交渉次第になります。

廃業

自分の代で会社をたたむ場合は廃業となります。

従業員への説明や負債の清算、解散登記、清算登記などの法的手続きが必要です。経営破綻による倒産とは異なり、後継者不在や事業の見通しが立たないなどの理由で、黒字経営のうちに廃業を選択するケースが多くなっています。

ちなみに、廃業に似た言葉で「倒産」がありますが、廃業と倒産の違いについては後ほど詳しく説明します。

さきほど3つの解決方法を挙げましたが、読者のみなさんには、まず事業承継か事業売却の道を探っていただきたいと思います。どちらも考えられないという場合には廃業という選択肢がありますが、できれば真っ先に廃業を選択しないでいただきたいです。

経営者の中には、「俺の代でおしまいだから、その時がきたら廃業だなあ」と言っている人もいますが、実際廃業するとなると想像以上に大変です。それに、廃業という選択肢は、これまで積み上げてきたものをゼロにしてしまうのに等しい行為でもあります。せっかく築いてきた会社の価値を少しでも残すこともできますから、廃業以外の選択肢もあると知っていただきたいです。

今、注目されている事業承継としてのM&Aとは

先ほど紹介した3つの選択肢に事業承継がありましたが、中でも近年はM&Aによる事業承継が注目されています。

M&Aと聞くと、大手企業が競争力を強化するために他社を買収したり、新規事業を拡大させる資金を調達したりといったイメージがあるかもしれません。しかし近年では、後継者不在問題を解決するためのM&A、すなわち「事業承継型M&A」に大きな注目が集まっています。

事業承継型M&Aでは、売り手は自社の条件に合った信頼できる企業を探し、双方の希望に合致する条件で交渉を進めます。買い手側にもメリットは大きく、戦略に合う事業を買収することで効率よく事業を拡大することができます。

図1-4 中小企業がM&Aを選択する理由

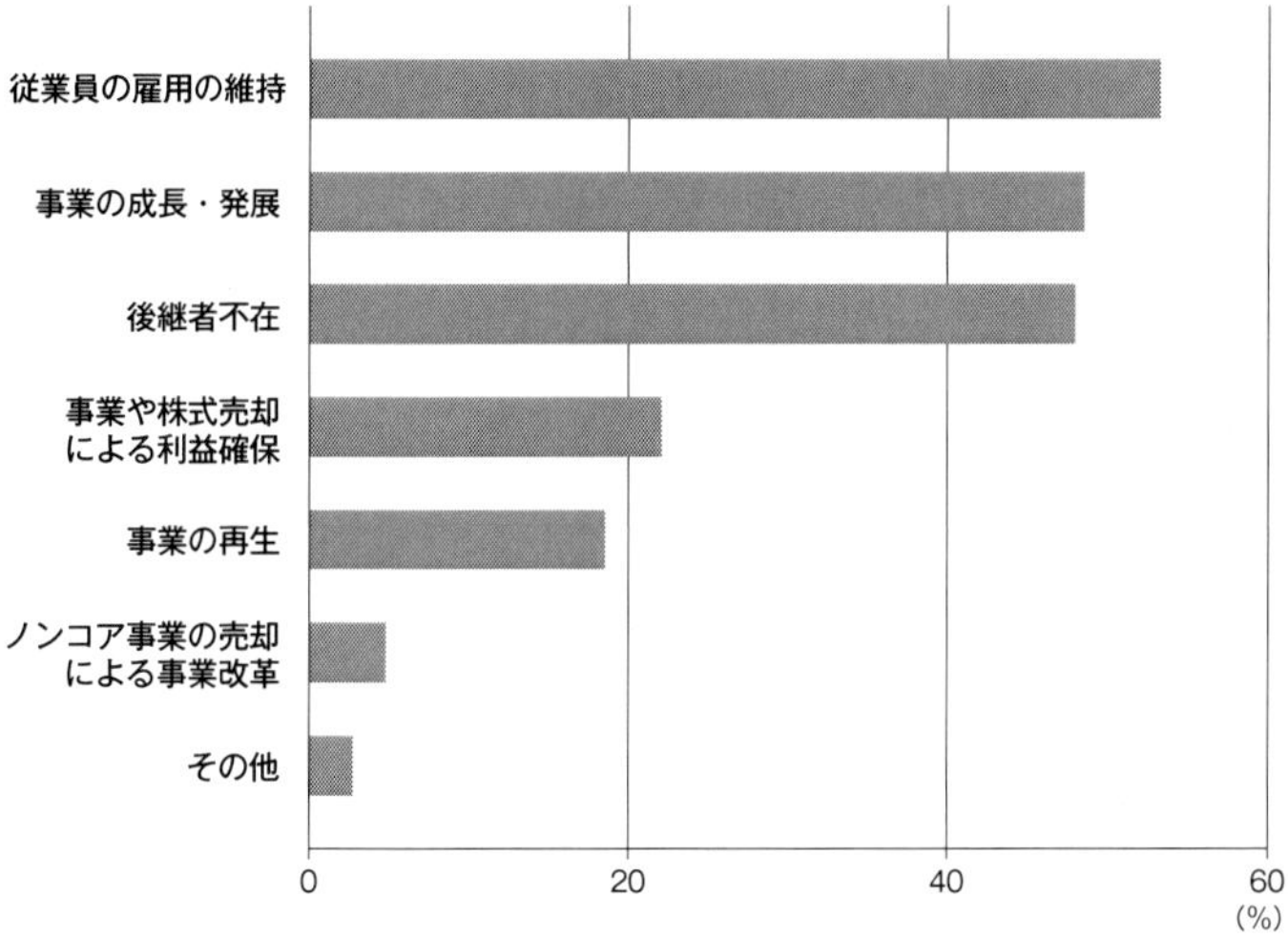

参考：中小企業庁

M&Aを選択する中小企業の動機としては、後継者不在問題の解決だけでなく、従業員の雇用維持や事業の持続的な成長、株式や事業売却からの利益確保などがあります（図1-4参照）。つまりM&Aは、多くの中小企業にとって事業の継続性と発展を保証すると同時に、企業の将来像を描く上で重要な選択肢となっています。

上記の理由をさらに経営者の年齢で比較してみると、60代～70代の経営者は「後継者不在」

図1-5　40代と60代以上の経営者がM&Aを選択した理由の比較

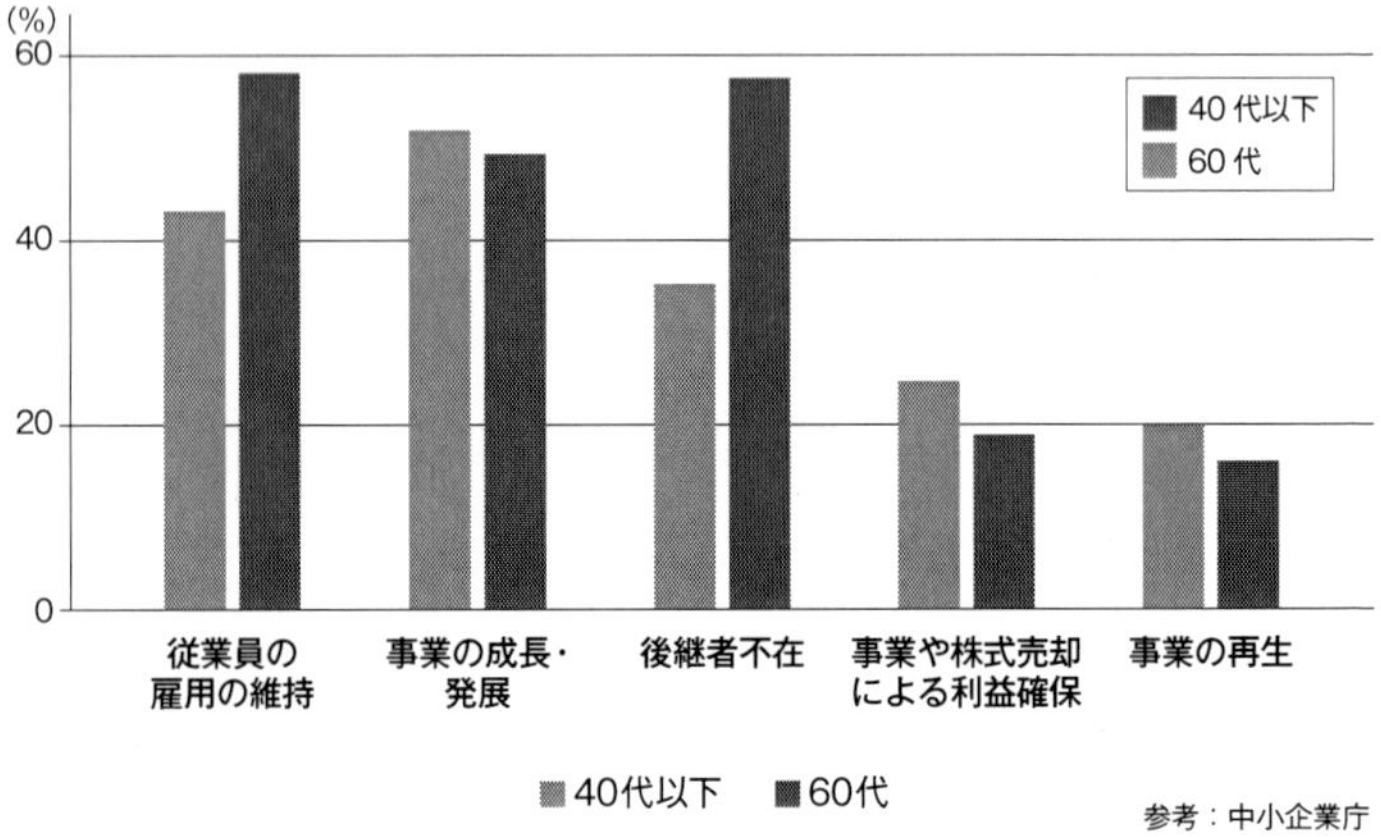

参考：中小企業庁

を理由にM&Aを行う傾向があることがわかります。

先ほど図1-1でも後継者不在率について紹介しましたが、2011年と比較して不在率が減少傾向にあるのは、M&Aの相談窓口が増えたことにより選択肢が増えたためだと考えられています。M&Aは大手企業の買収だというイメージが払拭され、中小企業の経営者にも身近なものとなった結果といえます。

1-3 廃業という選択肢はどうか？

廃業と倒産の違いを知っておこう

前節1-2では、いきなり廃業を選択するよりも他の選択も考えてみましょうと言いましたが、なぜ私がそのように言うのか。ここでは、その理由についてお伝えしていきますが、まずは廃業するとはどういうことかを理解していきましょう。

一般的に「廃業」というと、経営悪化でやむをえず会社をたたむといったネガティブなイメージが思い浮かびがちですが、黒字経営であっても後継者不在の問題によって廃業を選択する企業は多いです。ちなみに、会社をたたむという意味で「倒産」という言葉もありますが、自分で事業をたたむ「廃業」と違って、「倒産」は事業を続けていくことができなくなる状態にあることをいいます。

図 1-6　廃業を考えている理由

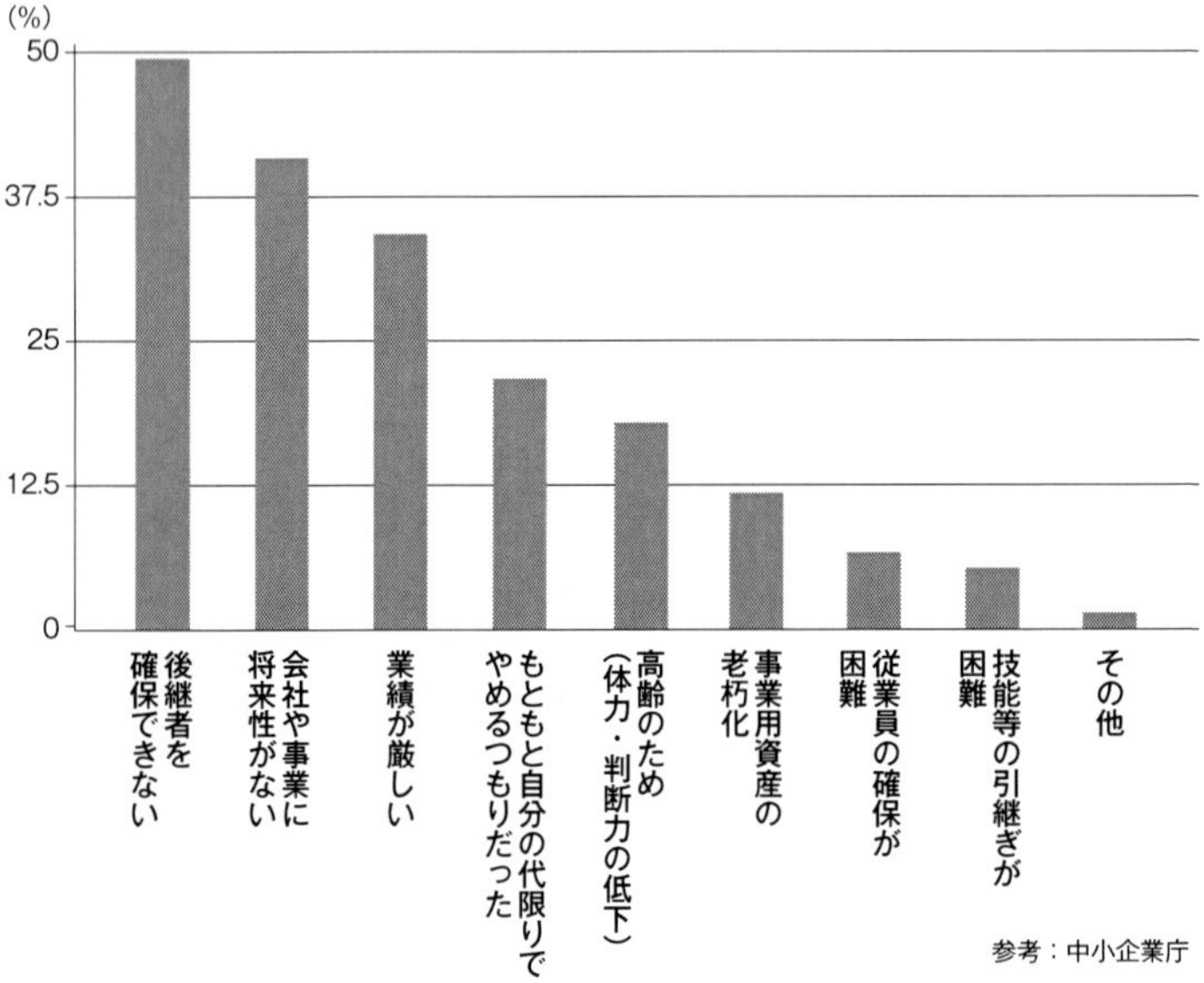

参考：中小企業庁

話を元に戻します。中小企業の中には黒字経営にもかかわらず廃業を選択することがあります。中小企業庁の「企業経営の継続に関するアンケート調査」によると、特に小規模事業者で廃業を考える割合が高く、その理由は図1-6の表のようになっています。

内訳を見ると「後継者を確保できない」理由が最も高く、次に「会社や事業に将来性がない」という理由が多くなっています。

図 1-7 廃業を考えてから行った対策

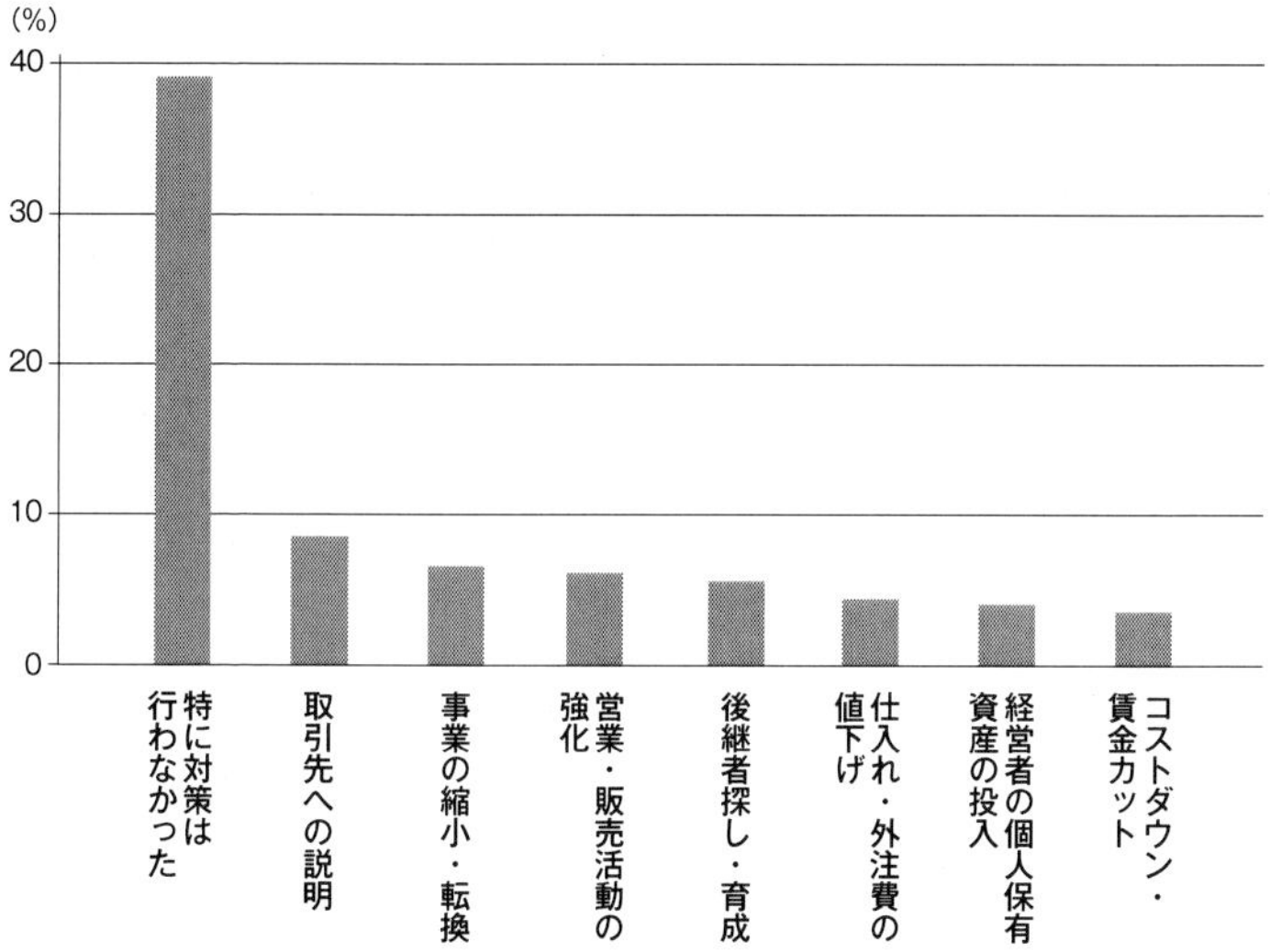

参考：中小企業庁

さらに図1-7では、廃業を考えてから、4割近くの経営者が「特に対策を行わなかった」と回答しています。高齢化し、さらに健康面に不安を抱えた状態では、会社の将来について考える余裕がないのかもしれません。事業承継やM&Aといった選択肢に着目できず、結果として廃業を選択するしかない状態に追い込まれていると想像できます。

廃業にもそれなりの準備が必要です。

従業員には当然のことながら退職してもらうことになります。退職金の支払い、取引先への通知、銀行の手続き、設備の処分や売却など、しなければならないことは山のようにあります。すべて清算し終えた後、手元にどれくらいの資金が残るでしょうか。

廃業は決して容易な選択肢ではありません。自分一人の問題ではなく、さまざまな方面に影響を与えますので、いずれにしても十分な準備期間が必要になります。

廃業がもたらすもの

廃業の選択は経営者だけでなく、社会に大きな影響を与えます。従業員の雇用が維持できず失業者も増加します。経済産業省の調査によると、事業承継の問題が解決しない場合、2025年頃までに最大約650万人の雇用と約22兆円分のGDP（国内総生産）が喪失されるとしています。

後継者不在の問題は、会社や取引先だけの問題ではなく、日本全体の経済にも影響していきます。

あなたが会社を承継し存続させることは、従業員の雇用を守り、日本社会全体の雇用とGDPに貢献しているという意味にもなります。ただ、事業承継にはそれだけ社会的な意義があるということを認識してほしいです。

後継者不在の企業は次ページにある図1-8の表の通りです。70歳代で4割、80歳代で3割以上もの経営者に後継者が不在というのは、やがて廃業につながる可能性が高いため、非常に恐ろしい数字だといえます。

2025年には団塊世代（1947〜1949年生まれ）が75歳以上の後期高齢者となり、彼らの引退によって経済社会に大きな影響を与えると懸念されています。

早期に後継者不在の問題に気付いたみなさんには、日本経済のためにもぜひ事業を承継する形で未来を描いていただきたいと思います。

とはいえ「具体的にどのように事業承継していくのか？」「承継したあとの生活はどうなるのか？」など、さまざまな不安があるかと思います。

事業承継にもいくつかの形があります。あなたのこれからの人生を考えながら、未来について一緒に考えていきましょう。

図 1-8 世代別 後継者不在率

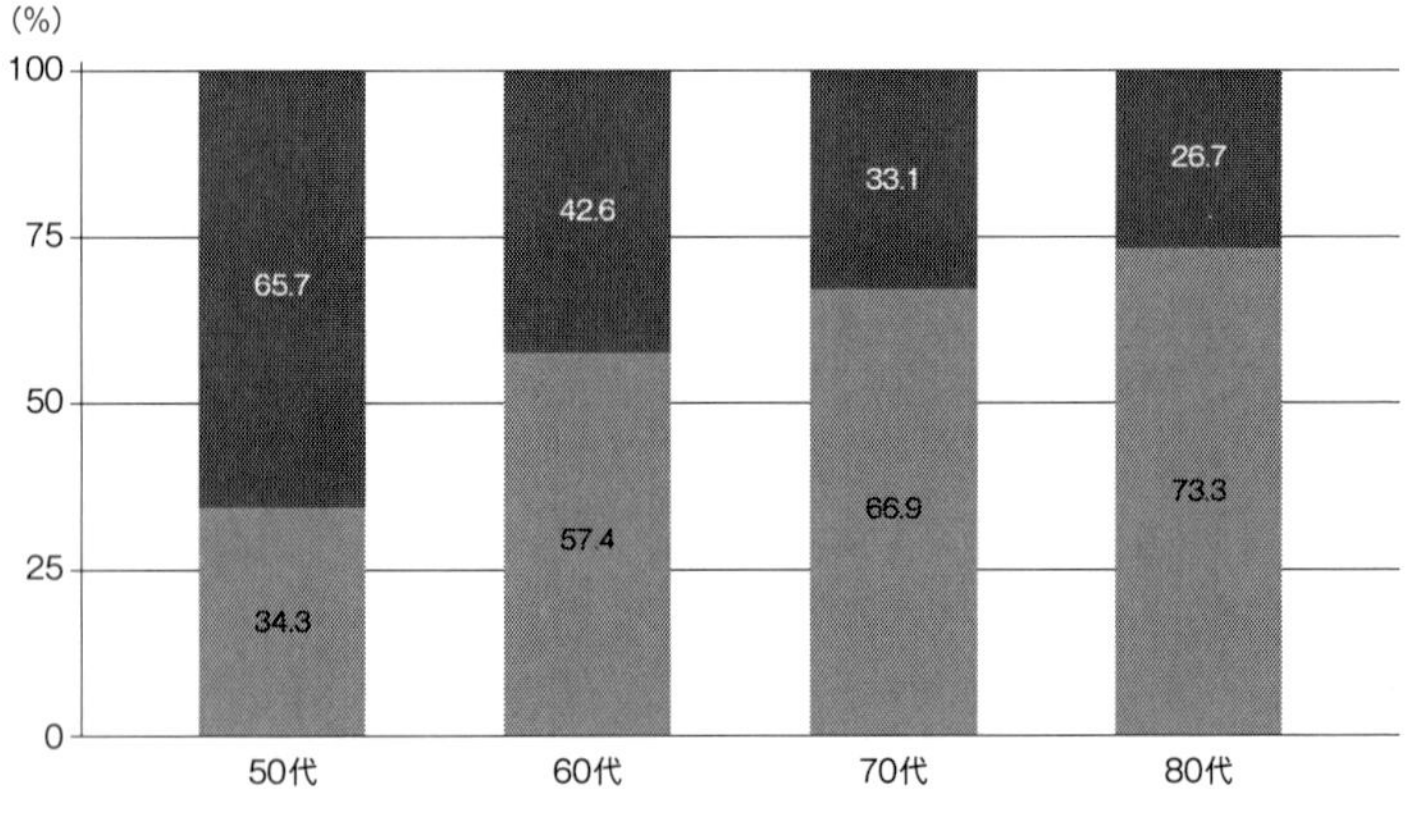

参考：帝国データバンク

1-4 一部の事業を残す事業譲渡

黒字事業のみの売却もできる

さきほど会社の未来を考えたときの道として「事業承継」と「事業売却」「廃業」の3つを紹介しました。もし、今すぐには引退を考えていないという方は、一度にすべての事業を承継するのではなく、一部の事業のみを売却する「事業譲渡」があります。

事業譲渡では、経営権や資産などはそのままに、会社の事業の一部分を売却できます。会社全体の経営状況が赤字でも、黒字の事業のみの売却が可能です。

事業のすべてを他社に売却する事業売却とは異なり、事業譲渡なら引き続き経

図 1-9 事業承継と事業譲渡の違い

	事業承継	事業譲渡
経営権	移転する	移転しない
引き継ぎ範囲	会社の全資産	事業の一部あるいは全部
売却益	親族への無償譲渡が一般的 有償譲渡の場合は株主が獲得	会社が獲得
主な目的	会社・事業の引き継ぎ	事業の引き継ぎ 不採算事業の清算

営者として残留も可能です。そのため、「まだまだ仕事を続けたいが業務の負担が大きい」「今すぐ引退は考えていないが、老後の資金を確保しておきたい」などの理由で、事業譲渡を選択する経営者も多いです。とりあえず会社の一部を売却し、次のステップへ進む準備をしたい方におすすめの方法です。

ここで、ある化粧品会社の例を紹介します。

化粧品会社Aでは、化粧品・健康食品のほかにアロマグッズを販売する事業を展開していました。このアロマグッズ販売のEC事業は好調でしたが、メインの化粧品販売が不調で、全体の業績を悪化させていました。そこで、立て直しの資金確保のために事業売却を決意。買い手となったB社は、ナチュラル系衣料品販売を展開する企業で、アロマグッズのEC事業展開を計画していました。A社からアロマグッズ事業を買収し、迅速な事業展開を行うことができました。

このように、事業の一部を売却する方法は中小企業で多く選択されています。技術などを譲渡する「のれん分け」も、一部の事業を譲渡する一例です。ただし、手続きが煩雑になるデメリットがありますので、将来的にすべての事業承継を検討されるのであれば、事業譲渡よりも事業売却または事業承継を考えていきましょう。

図 1-10 事業譲渡なら、経営者として続けることも可能

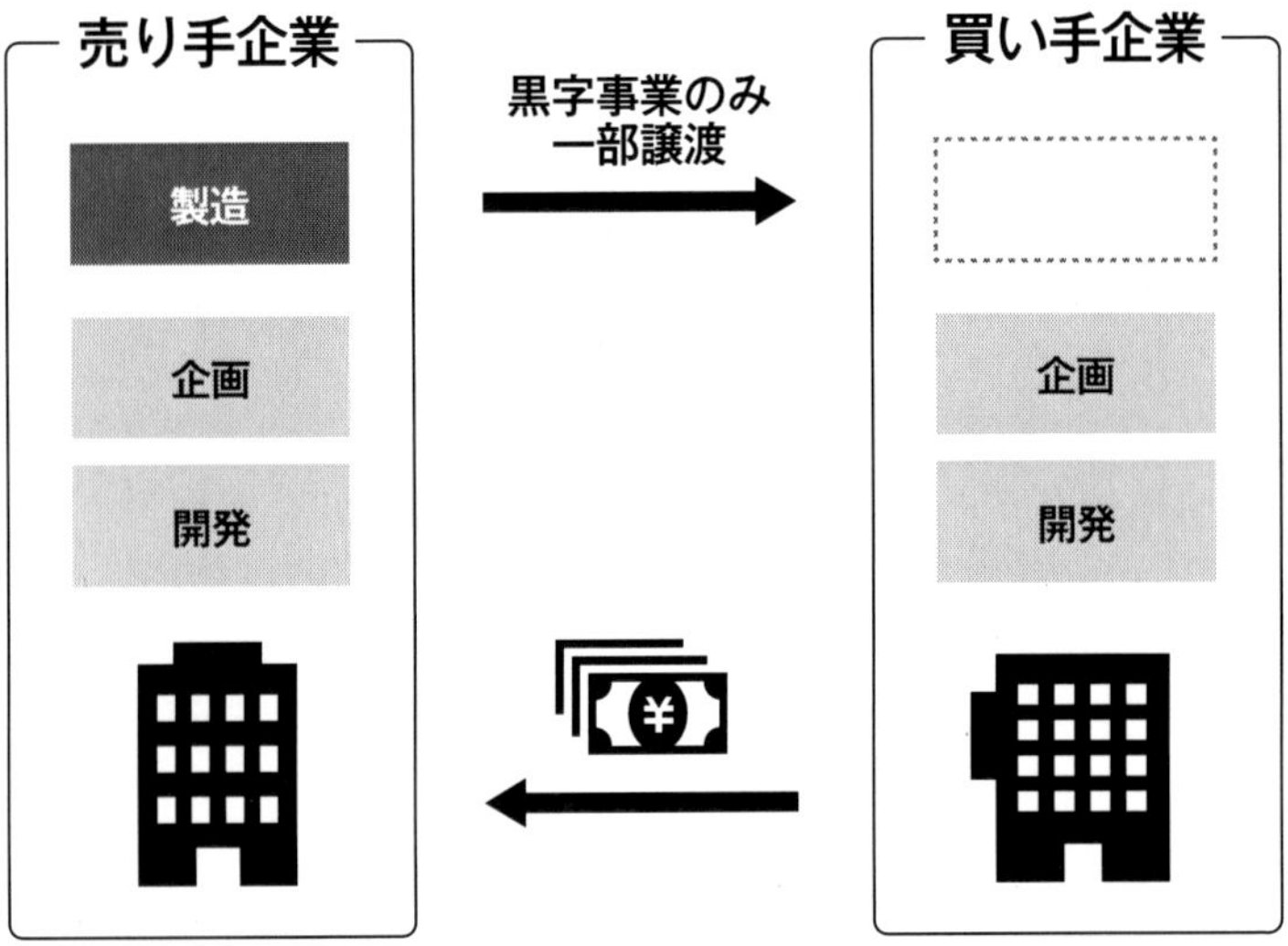

1-5 会社の意志をつなぐ事業承継

実は身近なM&A

日本社会は少子高齢化が進み、2025年には団塊世代が75歳以上となり、経営陣は引退を検討するようになります。さらにコロナ融資返済開始などによる先行き不安により、一気に廃業が加速するのではないかと懸念されています。

このような背景から、中小企業の後継者不在を解決する「事業承継M&A」に注目が集まっています。M&Aと聞くと、大手企業や外資系企業が会社を買収するようなイメージがありますが、近年ではスモールM&A（買収金額が1億円未満の事業譲渡）や、マイクロM&A（買収金額が1000万円未満の事業譲渡）

といった小規模事業者のM&Aが増加しており、M&Aはとても身近なものとなってきています。
従来のM&A仲介業者だけでなく、ポータルサイトやマッチングサイトへの登録数も増加傾向にあり、私の周囲にもM&Aについて相談に来る経営者が多くなっています。

いずれの経営者も高齢化しており、共通した悩みは「子どもたちは都会で就職」「跡を継ぐつもりはなさそう」「自分の代で廃業を考えている」というものです。
私はM&A経験者であることから、どうしてもM&Aについてのご相談が多いのですが、M&Aありきではなく、ひとつの道として事業承継を検討していただきたいと思っています。

心身ともに健康なうち、経営状態が良好なうちに、しっかりとした準備をしておきたいものです。セカンドステージを充実させるためにも、前向きな選択をしていきましょう。

事業承継の概要

日本では古くから家業を子孫に継がせる慣習があるため「後継となる子どもがいない」＝「後継者がいない」と考える経営者が多いですが、親から事業を受け継いだ経営者は実は全体の34％程度しかいないのです。

社長に就任した経緯が帝国データバンクの全国企業「後継者不在率」動向調査にまとめられた就任の経緯を見ると、同族（親族間）承継が34％、役員などの内部昇格が33・9％、M＆Aなどの買収（外部招へいを含む）が28％ほどとなっています。実に6割以上もの経営者が第三者への事業承継を行っているのです。

では、4つの事業承継について、それぞれの特徴やメリットを詳しく見ていきましょう。

図 1-11　事業承継の概要

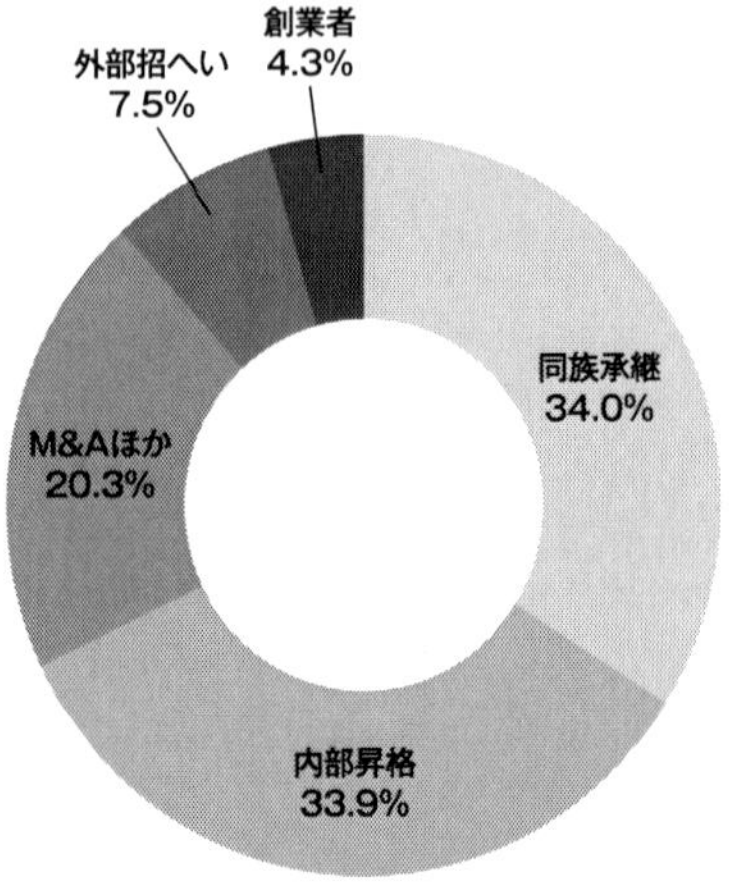

図 1-12　4 つの事業承継の特徴を整理してみる

1	親族間承継	経営者の家族や親族内に事業を承継する 日本では古くからある事業承継の形
2	従業員承継継（MBO）	会社内の役員や従業員の中から後継者を選び、事業承継する 親族に事業の後継者がいない場合によくとられる方法
3	外部からの招へい	第三者を招いて事業承継する 親族にも社内にも後継者がいない場合によくとられる方法
4	事業承継型 M&A	後継者不在による事業承継の手法として M&A を活用する シナジー効果で新事業へと発展する期待が持てる

親族間承継

親族間承継は、経営者の家族や親族内に事業を承継し、経営を任せることをいいます。日本では自分が創業した会社あるいは先祖代々から引き継いできた会社を子孫へ承継したいと考える経営者が多く、最もよくある事業承継の形だといえます。

メリットは、子どもや親族を早い段階で経営に関わらせることで、事業内容の理解や取引先との関係を構築できるので、社内外に受け入れられやすい点です。経営者も子どもの働きを見守りながら長期に亘って育成ができるため、安心して事業を引き継ぐことができるでしょう。

非上場企業の場合、税金の面でも親族の承継は有利です。一定の要件のもと「法人版事業承継税制」が適用されれば、贈与税・相続税納付の猶予または免除が認められます。

株式を贈与すると多額の贈与税・相続税が発生しますので、後継者に重い税負担がのしかかります。「法人版事業承継税制」は株式の承継に伴う税負担を軽減することで、中小企業の事業承継を促すために創設された制度です。この制度は2018年に改正され、要件が緩和されていますので、詳しくは税理士等に聞いてみてください。

デメリットとしては、経営者としての経験が乏しい人物が社長になることです。その場合、親の欲目で経験不足の子どもを社長にすると、従業員からの反発を招くことがあります。妻や兄弟などを後継者にすることで親族間でのトラブルが発生する可能性もあります。

親族間承継は、計画的に行うことが重要です。承継者は時間をかけてじっくりと選定し、親族の納得のもとで決定する必要があります。

従業員承継（MBO）

従業員承継（MBO……Management Buy-Out）とは、会社内の役員や従業員の中から後継者を選び、事業承継を図ることをいいます。

親族に事業の後継者がいない場合によくとられる方法で、社長の右腕として働いていた役員や従業員を抜擢して、事業を継いでもらいます。

従業員承継のメリットは、経営や実務を把握している者に引き継ぐことができる点です。これまで培ってきた会社のノウハウや知的財産を承継できるので、取引先や従業員からの支持が得やすいでしょう。

デメリットは、会社を引き継ぐにはそれなりの資金が必要となる点です。自社株を引き継ぐことになりますので、少なくとも数千万円規模の資金が必要になります。従業員にそこまでの資金力がある人は稀でしょう。急を要する場合は株式を贈与する方法もありますが、その場合でも贈与税が発生します。

外部からの招へい

後継者を親族や従業員からではなく、第三者を招いて事業承継することを外部招へいといいます。親族にも社内にも後継者がいない場合によくとられる方法で、大企業・中小企業だけでなく、商店街の小さな店舗を引き継ぐ場合にもこの外部招へいで承継されることがあります。

外部招へいのメリットは、実績のある人物や他業種からの人物の能力で業務改善できる点です。特に内的要因で経営に変化を期待する場合や、改革が必要な企業、経営が悪化してテコ入れが必要な企業には、外部からの新しい風を取り入れ、経営の立て直しが期待できます。

デメリットは、新社長の方針が合わないと社内で反発が起き、経営悪化につながる可能性があることです。外部招へいを行う場合には、従業員たちが慣れるまで役員・会長・アドバイザーや顧問として残留し、しっかりと引き継ぎを行いながら信頼関係を築き上げる必要があります。

事業承継型M&A

中小企業のM&Aは、後継者不在による事業承継の手法として活用されることがほとんどです。

メリットは、会社の株式を譲渡することで資金を確保できること。事業全体を新しい企業へと承継することで、従業員の雇用も守られます。また、これまで培ってきた自社のノウハウが自分の代で終わらず、買い手と売り手の2社によるシナジー効果で新事業へと発展する期待が持てます。

買い手側も、これまでの経営やノウハウを活かした形での買収を希望しています。互いの経営資源を活用し、さらなる事業拡大が期待ができるでしょう。

デメリットとして、自分が希望する価格で売れない可能性が大いにあることを認識しておいてください。成約率は10%程度と低く、買い手となる企業を見つけ成約するまでの道筋は長期戦となります。自社の評価額が思った以上に低く、納得いかないこともあるでしょう。スムーズにM&Aを進める方法についてはこのあと解説します。

実際のM&Aの例

参考までに、M&Aの実施によって後継者不在問題を解決させた2社の事例を紹介します。

【中堅資材メーカーの事例】

資材関係を取り扱う会社を営むA氏は、祖父の代から続いている会社を承継し、経営手腕を振っていました。祖父の代から続いていることもあり、地元では老舗の部類に入る会社でしたが、A氏は子どもに承継させることに不安を抱いていました。

A氏の会社の業界では、価格競争が激化しており、売上拡大のために手を伸ばした海外資材も品質の悪さにクレームが続くなど、今後の先行きの見通しが立ちにくい厳しい市場環境に置かれていました。

A氏は祖父から引き継いだのだから、子どもにも同じように承継してほしいと考える一方で、会社を取り巻く厳しい環境を考えると、子どもに無理を言うよりも他社と一緒になる方が会社にとってもよい選択だと考え、M&Aを前向きに検討するようになります。

最終的には、かねてより取引のあったB社と一緒になり、現在は別屋号になりましたが会社が培ってきたものを残すことができました。

M&Aにあたっては、身内からはさまざまな声が上がりましたが、「次へのバトンをつなぐことができ、安心した」とA氏はおっしゃっています。

【倉庫業を営む会社の事例】

倉庫業を営むB氏の会社では、自社の規模拡大を狙ったM&Aを実行しました。

倉庫業を一代で発展させてきたB氏の会社は、倉庫で荷物を預かることでお客様から手数料を得るというビジネスモデルでした。ただ、倉庫業を営むには場所が必要ですから、常に新しい倉庫の確保や新規契約のための営業などに追われる日々を過ごさなければなりませんでした。特にここ数年の通信販売業界の動きは激しく、倉庫の確保はもちろん人材獲得にも大変苦労されていたそうです。

「会社を成長させるために、何か戦略を考えなければ」とB氏が考えていたときに、ふと頭をよぎったのがM＆Aでした。倉庫面積を拡大させる手段として、M＆Aを通じて他社に投資してもらおうと考えたのです。ここまで自分で育ててきた会社を手放すことに対し名残惜しさはありましたが、新たな会社では倉庫営業の部門や新規開拓の専門部署でのアドバイザーとして活躍されています。

「借入のことや、コロナ禍の荷物の動きは止まったり、流れたり、また契約が途中で打ち切られたり、右往左往のある数年間でしたが、今や大手のノウハウと自分自身のやってきた営業方法や倉庫業についてのノウハウについても活用できることがあり、とても嬉しく思っています」とB氏。

まだ会社として余力があっても、このように他社と一緒になることで市場での競争力向上を狙って、M＆Aを行うというケースもよくあります。

1-6 経営者である自分の今後はどうなるのか？

未来の選択はあなた次第

さて、事業承継、事業売却、廃業などの選択肢を紹介しましたが、自分がどのような道を選択したらいいかは、まだわからないというのが正直なところではないでしょうか。

年齢がまだ若い方なら、後継者となる子どももまだ若いでしょうし、今後の事業展開などは想定しにくいでしょう。しかしご自身が高齢で健康面に不安のある経営者なら、一刻も早く会社を清算したいとの思いから売却や廃業を選択したいと思われるかもしれません。

後継者不在に悩む多くの経営者は、紆余曲折を経てそれぞれの道を歩んでいます。私もみなさんと同様、最初から事業売却によるM&Aなど全く想定していませんでした。

これまでは会社のことだけに触れてきましたが、会社の今後を考えることは、同時に経営者であるあなたの未来を決めることにもなります。最終的に決断するのは経営者であるあなた自身ですが、決断される前により具体的なイメージが持てるよう、少し経営者自身の今後についても目を向け、会社から離れた後にどのような道があるかについて紹介していきます。年代別に経営者の未来について紹介していきますので、事例を参考にして、まずは、あなた自身がどうしていきたいのか。しっかりと自分自身の夢や目標を考えるヒントにしてください。

40～50代の経営者の未来

40～50代の経営者は、次の事業を見据えた事業売却や事業譲渡を選択することが多い印象です。

「新事業のための資金をつくりたい」
「社長という責任のある役職から降りて、一人になって挑戦したい」
「大手企業の傘下に入り、事業を拡大させたい」

このような理由から事業を売却し、得た資金で新規事業を立ち上げる方がほとんどです。

40~50代の経営者は、安定した経営よりも新しい事業への挑戦を希望しています。金銭的な事業売却というより、M&Aによって得られる技術やリソースなどを利用して新規事業領域への進出を目指すことが目的です。

また、「新たな分野で挑戦したい」という理由もわずかながらにあり、若い世代らしい特徴ともいえるでしょう。

60～80代の経営者の未来

経営者が60～80代と高齢である場合、後継者に承継したあとは社長を引退し、悠々としたセカンドライフを楽しまれる方が多くなっています。

「ゆっくりと日本百景を楽しみたい」

「世界遺産をめぐる旅をしたい」

など、多忙な社長時代には難しかった夢を叶えるのも素敵ですね。

「生涯仕事を続けたい」という方もおられるでしょう。その場合は、事業承継後も半年～3年程度会社に残留し、取引先や従業員が新社長に落ち着くまで顧問として会社にとどまる道もあります。顧問料が支払われるため、金銭面でも安心です。承継したからといって、いきなり無職になるわけではありませんので安心してください。

どの程度自分の希望が認められるかはケースバイケースではありますが、引退後の生活をしっかりと計画しておくことが大切です。

三方よしの未来を実現する

経営者の年代に関わらず、軸となるのはまず「自分自身がどうしたいか」です。その上で、会社の未来・従業員の雇用・取引先について検討していきましょう。早い段階で計画的に事業承継を考えておくことで、セカンドライフへの投資も可能です。

高齢化による心身の老化がともなってくると、今の生活で手一杯になり、今後のことを考えられなくなります。

思考停止して「もう少し落ち着いてから今後のことは考えよう」とぼんやりしているうちに、事業承継・売却のタイミングを逃してしまいます。そうなると「早く片付けたい」「取引先に迷惑をかけたくない」などの思いが先行し、安い価格で売却あるいは廃業しか道がなくなってしまいます。そのため、余力のあるうちに会社の未来や自分の未来を考えていきましょう。

1-7 社会的意義のある事業承継で会社も社員も守る

事業承継には社会的な意義がある

早い段階で会社の未来を考えておくことは、自分のためだけでなく、社会的な意義があります。これまで培ってきた技術やノウハウ、知的財産、経営資源などがあなたの代で逸失するのは非常にもったいない話だと思いませんか？　もし事業承継を行うことができれば、あなたが積み上げてきた技術やノウハウをきちんと残すことができます。さらに、買い手となる企業が、自社のノウハウや資源を活かしてさらにステップアップしてくれれば、経済の活性化にもつながります。

早期の英断で会社と社員を守る

会社の行く末を考えたとき、事業承継や事業売却、廃業など複数の選択肢があると解説してきましたが、なかでもM&Aをはじめとする事業承継には多くのメリットがあります。しかし、いきなり「M&Aをしよう」と決断できる経営者はほぼいません。ほとんどの経営者が会社の未来に悩み、アドバイザーや仲介業者などを通して検討を重ねていきます。事業承継のゴールありきで話を進めるわけではありません。

ただ、私自身の経験を踏まえてお伝えすると、やはりなるべく早めに会社の未来について真剣に考えておくことをおすすめします。若くバイタリティのあふれるうちは、後継者のことなど考えもしないでしょう。しかし健康的に働ける時間は限られています。健康面に不安を抱えたまま、倒れるまで働くことは美談にもなりません。社長が倒れて困るのは従業員、取引先、家族です。健康を害してからでは事業承継も売却もうまくいかず、廃業か倒産しか道がなくなってしまうかもしれません。

でも、早期に会社の行く末を考え、適切に事業承継または事業売却すれば、次のステップへと進む余力が残ります。あなたが守り続けてきた会社は、多くの人たちにとって価値があり、今後も必要な存在です。ですから、繰り返しお伝えしているように早急に「会社をたたんでしまおう」と考えるのではなく、「バトンを渡す」という選択肢も考えてみてはいかがでしょうか。

2章

重要な決断の前にすべきこと

2-1

まずは現状を見つめてみる

自分のことが後回しになる経営者人生

1章では、いきなり廃業を考えるよりも、会社に関わる全員が幸せになれる事業承継を考えることをおすすめしました。会社の今後のことを考えると、今すぐ何かを決断しなければと焦る気持ちもありますが、今本書を通してあなたが考えようとしていることは、そもそも重大な決断で、簡単に答えが出せるものではありません。ですから十分な手順を踏み時間をかけ、自分が納得できるまで考え抜いてください。

ただし、このような重要なことを後回しにするのはよくありません。会社を売る決断にしろたたむ決断にしろ、経営者にとって重大な決断です。誰もがそんな決断からは逃れたいと考えますし、向き合うことすら避けたいと思います。でも、先回りしたところで状況は良くなりません。
自分の後継者がおらず、会社の存続を考えると早めに手を打っておく必要があるにも関わらず、「その時が来たら」と問題を先延ばしにしてしまっては、いざという時に打てる手も無くなってしまいます。

もしかしたら、タイミングは今ではないかもしれません。ですが、その時が来たときに、万全な状態ですぐに実行できるように準備をしておいて間違いはありません。

では、具体的に何を準備していけばいいのでしょうか。
事業承継を考えるにあたっては、いきなり仲介会社やコンサルタントを探して相談しようとするよりも、まずは棚卸しをすることから始めてみてください。ここでいう棚卸しとは、会社が行うあの棚卸しではありません。本来、会社業務の中で行われる棚卸しとは、在庫の品質と正確な在庫量の把握等を目的にして行われるものですが、ここでは自分や会社の現状を正確に把握していきましょう。

会社と自分の2軸で考えよう

棚卸しをする場合は、会社と自分自身の2軸で考えていきましょう。

詳しい棚卸しのやり方については後述しますが、会社の現状や、会社を取り巻く環境などを整理し、どのような決断がベストかを検討するための材料を集めていきます。その後に、自分のことについて、経営者という肩書きを外した状態で自分自身を見つめ、どんな生き方がしたいか等、自分の望みを明確にしていきます。

私自身もM&Aを考えた時に、自分自身と向き合う時間を確保しましたが、そのおかげで決断と実行することができたと思います。

今のあなたは、自分のことよりも、まず会社のことを考える癖がついていないでしょうか。少なくとも私の周囲の経営者は、年中会社のことばかりを考えてしまう人たちばかりでした。もちろん仕事が好きで仕方がない人もいれば、できれば仕事はしたくないという人もいるでしょうが、経営者として常に会社のことが頭から離れないという人がほとんどだと思います。

しかしここから先は、その癖を少し取り払っていただく必要があります。なぜなら、今後会社を手放し経営者でなくなるあなたを待ち受けているのは、言葉どおり何者でもない自分と向き合う生活だからです。今は、全くイメージできないかもしれませんが、ずっと経営者だった人が経営者でなくなった時の戸惑いは言葉では表せないほどなんとも言い難いもので、かつ経営者に大きな不安や喪失感を与えるものです。

経営者時代は、周囲から「社長」と呼ばれ、経営者としての言動や立ち振る舞いを見られる日々となります。あなたは、経営者としてふさわしい立ち振る舞いをし、ありとあらゆる困難に立ち向かってこられたと思います。場合によっては、自分のプライベートを犠牲にし、奮闘してこられた人も少なくないでしょう。

でも、承継にせよ廃業にせよ、経営者という肩書きがなくなったその日から、それまであなたの生活の中心となっていたものが無くなるのです。そうなった時にどうするのかについても、今後は向き合っていかなければなりません。

決断の前に棚卸しをする重要性とは

会社の将来に関する決断をする前に棚卸しをする理由は、最良の決断をするため以外にありません。M&Aだけが最善策とは限りませんが、もしかしたら棚卸しをすることで目下の課題を解決するためのヒントが見えてくるかもしれません。子どもに託すことなど頭にもなかった人が、棚卸しをすることで代々続いた会社を守り続けようという気持ちに変わることも十分にあり得ます。

また、会社の将来について相談できる専門家は大勢いますが、経営者である自分があやふやなままでは、方向性が定まらず的確なアドバイスを受けることができなくなります。仮にM&Aを考える場合は、契約書にサインをする直前までは止めるチャンスがあります。繰り返しお伝えしていますが、会社の将来を決断するために数年かかるのは普通のことです。ですから、決して慌てて決断しないようにしてください。でも、たとえ今すぐ会社を手放すわけではなくても、その時に少しでも良い条件で売ったり、譲ったりすることができれば、あなたにとっても相手にとっても、会社にとっても良いことになります。自分から手が離れるから関係ないという気持ちではなく、最後まで経営者としての責務を全うしたいものです。

2-2 全体の流れを大まかに捉える

段階的に考える方が、負担が少ない

次に、会社の将来について考え、最終的に会社を承継するまでの大まかな流れについて把握していきましょう。会社の将来について考え、最終的に会社を承継するまでには、次の図に示したように5つの段階があります。

段階① 棚卸し

前節2-1でお伝えしたように会社と自分自身の2軸で棚卸しを行い、現状を正しく把握していきます。どのように棚卸しを行っていくかは「2-3 会社の棚卸しをしよう」でお伝えしますが、棚卸しを行う際のポイントは、できる限り自

図2-1 全体の流れ

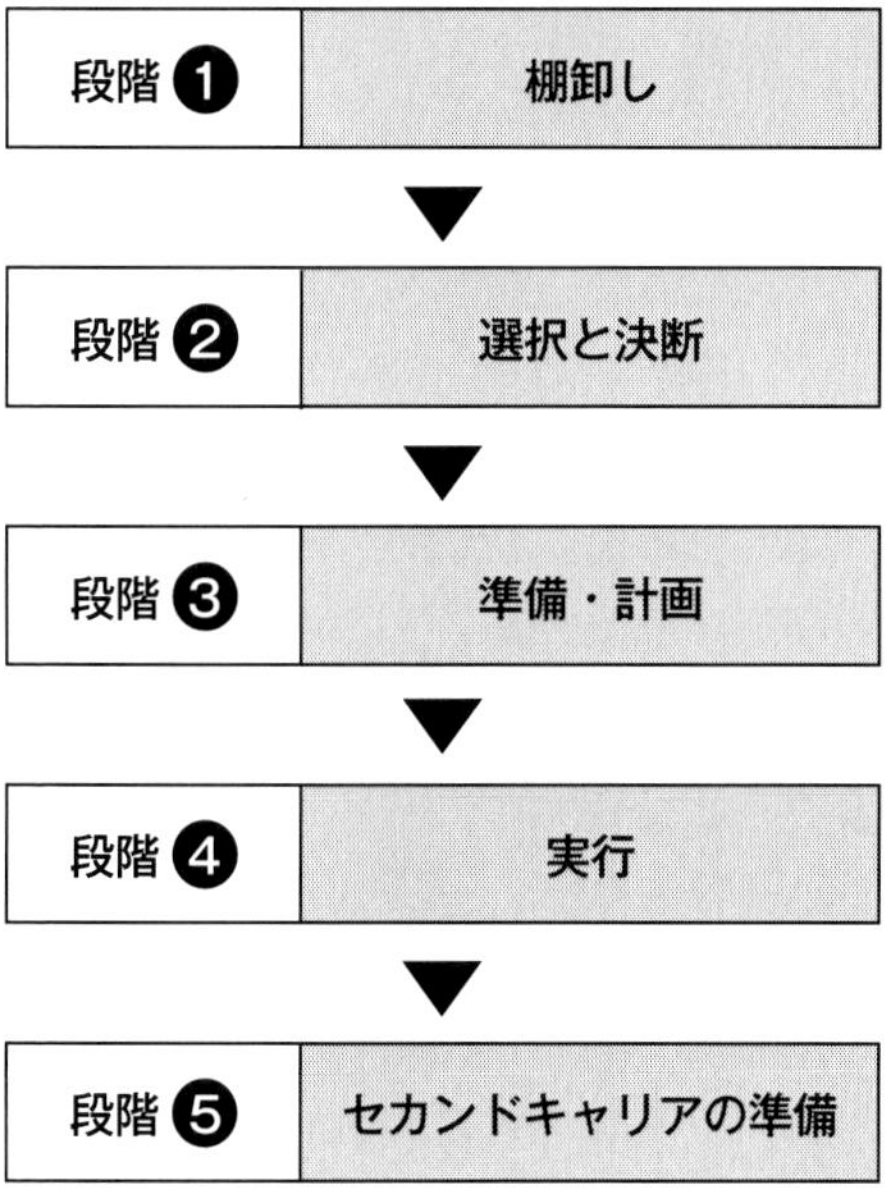
段階❶
棚卸し
段階❷
選択と決断
段階❸
準備・計画
段階❹
実行
段階❺
セカンドキャリアの準備

分の欲求や考えに素直になっていくことです。また、会社の現状について棚卸しを行う場合は、客観的な数値データ等をもとにシビアに向き合い、会社の状況を正確に把握することに努めていきましょう。

棚卸しを行う間は、将来に関する決断はせず、とにかく判断材料を集めることに集中することがポイントです。判断材料を集めることだけに集中しないと、本来直視すべきデータを見落とすことにもつながります。

段階② 選択と決断

棚卸しを終えたら、集めた情報を整理・整頓しながら今後どうすべきかを決めていきます。最終的な決定は契約時ですから、あくまでもあなた自身がどうしたいと思うのかという視点で決めてしまって構いません。

棚卸しの結果によって、すぐにM&Aを考えた方がいい場合もあれば、将来のM&Aを見越して、当面は準備期間にする場合もあります。また、身内に後継者がいる場合で、棚卸しの結果としてやはり身内を後継者として育成すると決めた場合は、その決断も必要です。

ちなみに本書では経営者の状況を「**すぐにM&Aをする人**」「**将来的にM&Aをする人**」「**身内に後継者がいる人**」の3つに分け、それぞれについて決断のポイントを解説しています。

決断にあたっては、自分でさまざまなシミュレーションを行ったり、専門家に相談したりすることも大切です。どのような専門家を頼るべきか、また、相談する際の注意事項などについては3章で詳しく説明していきます。

段階③ 準備と計画

会社をどうするのか決めることができたら、次は準備と計画作りに移っていきます。

準備と計画では、先ほどの3つの状況別で、行うことが異なります。大まかな流れを理解した後に、それぞれの状況に従って準備をしていきましょう。

準備期間が多く確保できるケースもあれば、それほど期間がない場合もありますが、どの場合でも、できる限りいい条件で会社を譲れるようにしていきましょう。準備や計画について、詳しいことは4章で説明します。

段階④　実行

準備が整ったら、いよいよ実行の段階に入ります。ここでいう実行とは、言うまでもなく会社を承継することです。実行については5章で説明しますが、M&Aの実行プロセスを理解していただき、それぞれの段階でどのようなことが行われるかを説明していきます。

私自身のM&Aの体験談も紹介していきますので、より具体的になるようイメージを固めていきましょう。

段階⑤　セカンドキャリアの準備

実行し終えたら、その日からあなたは経営者ではありませんが、人生はまだまだこれからです。経営者として終着点を迎えたと思われるかもしれませんが、新しい人生のスタート地点でもあります。
これまでの重責から解放され、寂しい気持ちもあれば、ほっとした気持ちになることもあります。すぐに次のことを考えられなくても構いませんが、セカンドキャリアについて考え、それを具体化するための準備を進めていきましょう。セカンドキャリアの築き方については、6章でお伝えします。

はっきり申し上げて、会社の承継を考えることは経営者にとって大変です。しかも、自分一人で簡単にできることでもありません。厳密に言えば、譲る相手さえ見つけることができればいいので、本当に一人でできないわけではありませんが、相当至難の業です。ほとんどのケースにおいて、第三者が介入して事業承継が行われています。ということは、これから行う事業承継は、他人を巻き込みながら進めていかなければならない大プロジェクトになります。その上、自分や会社、従業員を否応無しに巻き込むことになります。ですから、一気に全部考えようとせずに段階的に考えていく方が、精神的な負荷が少なくかつ納得した上で話を進められるようになります。

2-3
会社の棚卸しをしよう

会社の棚卸しは、お金と人、環境で考える

棚卸しを行う時は、最初に会社の方から手をつけていくのがいいでしょう。これまで自分自身のことについて考えを巡らす時間もなく仕事に邁進していた経営者ほど、自分のことを考えるのは苦手なようです。まずは、比較的考えやすい会社の棚卸しを行いましょう。

会社の棚卸しは、お金と人そして環境の3つの側面から考えるようにしていきます。

〈お金について〉

会社にとってお金は、人間でいう血液のようなもの。血液が滞りなく循環しな

ければ人が生きられないように、会社も運営に必要なお金がなければ存続させられません。ここ数年の会社のお金の動きに関しては、毎年決算を迎えていれば大まかに把握できていると思いますが、数年先の会社の動きとそれに伴うお金の動きまではなかなか把握できていないこともあります。

いずれは会社を承継するとなれば、お金の問題は無視できません。手放すべきタイミングをしっかりと見極めるためにも、中長期的な視野で会社とお金のバランスを見ていきましょう。

〈人について〉

どんな会社にも少なからず従業員がいます。会社を承継するとなれば、従業員の人数の多少は関係なく、必ず巻き込むことになります。仮に会社を存続させることができたとしても、従業員の年齢構成や技術・スキルの伝承などが可能かどうかも見ておきましょう。今後は、労働人口の減少の影響もあり、人材採用がますます難しい時代に突入していきます。そのような中で、現実的に会社を存続させられるのかを考えてみましょう。

〈環境について〉

ここでいう環境とは、業界など会社を取り巻く環境全般のことを指していると考えてください。どんな業界でも波があり、時には逆境に立ち向かわなければならない場合もあります。特に昨今では、時代の変化が早くなっています。あらゆる業界において積極的にＡＩ活用等が行われ、これまでの常識が大きく変わっていくでしょう。各業界におけるルールも、働く環境も、あらゆることが大きく変化する激動の時代へと突入していきます。

そのような時代において、あなたの会社の市場はどのように変化するでしょうか。また、競合はどのような動きになると予想されますか。市場や競合の動きを踏まえると、あなたの会社のサービスは従来のままでいいでしょうか。

環境の変化で起こりうるチャンスやリスクは何か。ここでは、自社を取り巻く環境の先々を考えていきましょう。

このように、自社のことだけでなく経営を左右するあらゆる要因を分析し、できるだけ客観的に自社の現在の立ち位置を明らかにしていくことが大切です。

図2-2 棚卸しは3つの視点で考える

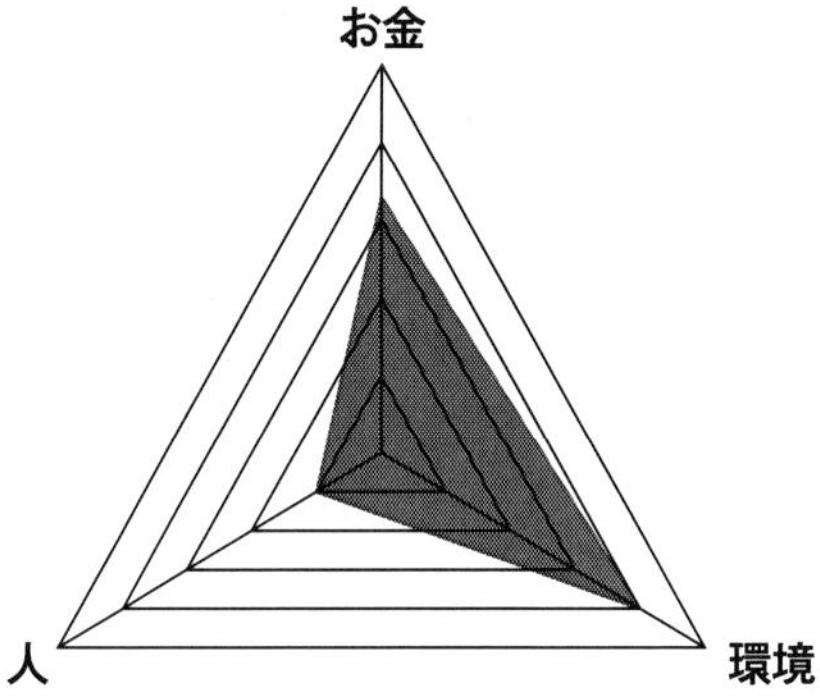

お金と人、環境はそれぞれバランスよく保たれている状況が理想です。
図のように大きく偏りがある場合は、然るべき対策を講じていきましょう。

お金について考える

お金について棚卸しをするときは、偏った判断にならないよう複数の視点から会社の実態を見ていくのがベストです。

〈中長期計画から会社を見てみる〉

会社には、短期計画と中長期計画がありますが、3～5年先の経営ビジョンを実現するためにやるべきことを明確にした中長期計画をここでは使います。中長期計画を見ながら、現時点での会社の価値を考えてみてください。会社の価値というのは、会社の売却額のこと。現時点で会社を売却するとしたら、一体いくらで売却できるかを大まかに予測してみましょう。あくまで予想ですから、「このくらいで売却できるだろう」あるいは「○○円以上で売却できればいいな」等、あなた自身の希望が加わっても問題ありません。

予想できたら、その金額で納得ができるかどうかを考えてみてください。もしも納得できない場合は、いくらであれば納得できるか、具体的な金額を出してみてください。

一般的な中長期経営計画には、将来的な見通しや今後強化していく領域、基本的な方針などが含まれます。おそらくすでに作られていると思いますが、もし計画を用意していない場合でも、一度計画を立ててみましょう。

計画を立てたら、これまでの会社の売上実績と業界の動向、市場規模の予測などから、会社の売上が今後どのような推移をたどるのかを確認します。次の図のようなフォーマットを使いながらそれぞれの項目を埋めていくと、この先の会社の姿が見えてきます。

例えば私が経営していた会社では、あるタイミングで大規模な設備投資を行いました。その甲斐あって、事業も順調に拡大し、設備環境等が整い人材教育にも力を入れることができました。このことが結果的にM&A時には有利に働いたと考えています。各会社の経営状況によって会社を手放すタイミングはさまざまですが、時間的な余裕があるなら、そうした設備投資や人材教育等も行っておくことで、会社の価値を向上させることができます。どのタイミングで計画を実行するのか、また理想や更なるアイデアを得られるのも、中長期経営計画を立てることのメリットです。

〈売上目標から考えてみる〉

中長期計画を使って会社の状態を見たあとは、会社に目標を達成する体力があるかどうかを見極めるために、売上目標という視点から会社を見つめていきます。

売上目標は、短期的な売上目標と長期計画で書かれた売上目標を使い、設定した目標通りに売上を伸ばしていけるかどうかを考えていきます。例えば、3年後

（単位：億）

2028年	2029年	2030年	2031年	2032年	2033年	2034年
500	700	1,000	1,500	3,000	3,500	4,000
60	80	100	150	200	250	300
				○○会社と提携する		○○会社と○○会社を買収する

図 2-3 対外的な中期計画の例

中長期経営計画策定スケジュール

	2023年	2024年	2025年	2026年	2027年
市場規模	100	120	150	200	250
自社規模	10	12	15	20	25
企業ビジョン・投資計画	○○業界で初めての技術開発をする	新システム導入で世界から注目をされる	大型受注を受ける	工場を新設する	
ライバル予測	○○の規制で研究を始める		○○会社と手を組む		
経済予測（予定）	規制緩和あり	○○の導入に注目が集まる			○○のブームにより人の思考が変わる
人材計画	○○人の採用をする	○○部門の研究で研究所を設立し人材を教育する			海外へ○○部門の人を呼び込む
資金計画	○○銀行から投資案件あり				ファンドを設立する

に目標としている売上を達成するために、このままのやり方を続けていても大丈夫かどうか。新しい設備投資や人材教育や採用等で投資が必要になる等が見えてきます。

売上目標を達成するために、自社だけの力では難しいとなれば、他社と業務提携をしたりM＆Aで一部の事業のみを売却（もしくは買収）して対応していくという戦略が必要になるかもしれません。あくまでこの時点では、会社を承継する前提ではなく、会社を残して売上を伸ばし続ける前提で考えることが大切です。いずれその時が来るとしても、よりよい条件で承継するために最適なタイミングを見極める必要があります。

図2-3のように、会社の売上目標と設備投資等の大規模投資のタイミング、それから自分の年齢などを可視化すると、計画している売上目標が現実的かどうかが見えてきます。

「この年齢で果たして実現できるのか」と冷静になったり、自社が成長する姿を想像して「なんかワクワクするな」と思えるかもしれません。

〈自分の会社の価値はどのくらい？〉

長期計画から考えるところでは、大まかに会社の売却額を予想してみてくださいとお伝えしましたが、ここでは会社の決算書を使い、会社の価値を実際に算出し、現実的な数字を出していきます。

M&Aにおいて利用される事業価値の算出方法には、いくつかの種類がありま す。代表的なものは2つで、DCF法と呼ばれる算出方法と、純資産額＋のれん代から算出する方法（年買法ともいう）があります。

この2つの算出方法のうち、多くは、会社が将来、どれくらいビジネスで稼ぐかどうかを見積もり、そこで算定された将来キャッシュ・フローを現在価値に割引計算する「DCF法……Discounted cash flow method、収益還元価値法」（以下「DCF法」）を用いることが多いです。

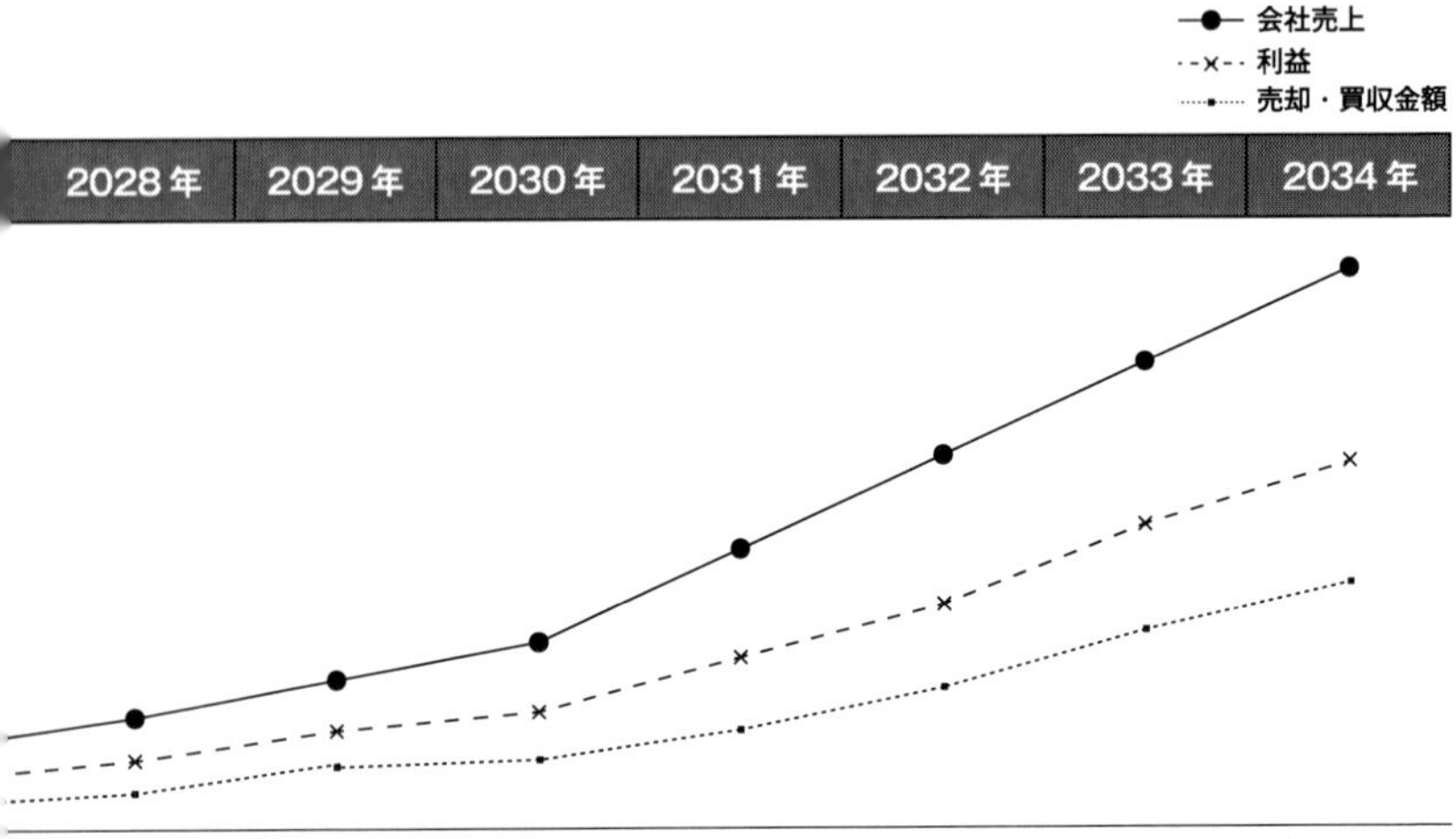

2028年	2029年	2030年	2031年	2032年	2033年	2034年
67歳	68歳	69歳	70歳	71歳	72歳	73歳
63際	64歳	65歳	66歳	67歳	68歳	69歳
40際	41歳	42歳	43歳	44歳	45歳	46歳
						代表を交代予定、会長へ
				1週間のバカンスで将来を考える		
					若者の教育へ力を注ぐ	

図 2-4 対内的な中期計画の例

売上目標と事業継承計画

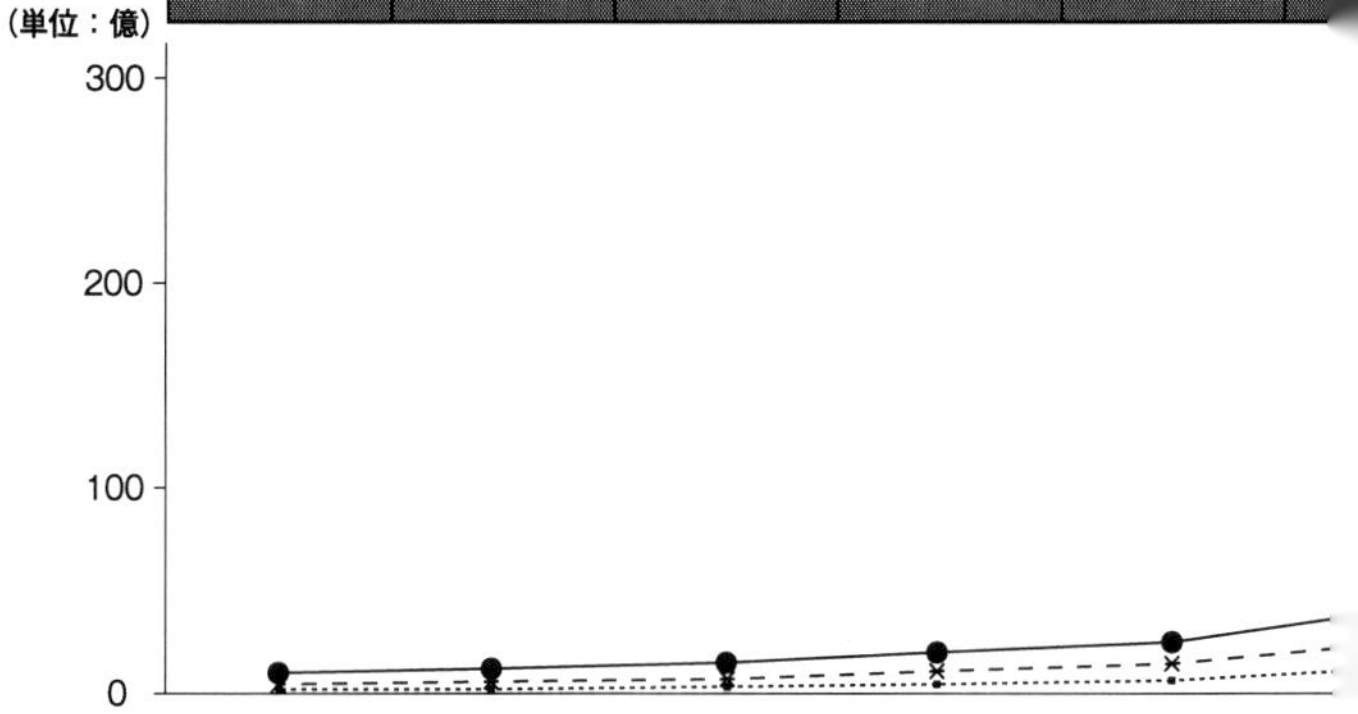

	2023年	2024年	2025年	2026年	2027年
自　分	62歳	63歳	64歳	65歳	66歳
配偶者	58歳	59歳	60歳	61歳	62歳
後継者	35歳	36歳	37歳	38歳	39歳
やりたいこと			後継者Aが外部で修行後に我が社に戻ってくる		
	やりたいことリスト5個実行済				
		念願の○○の感謝旅行ができた			
					会社規模拡大！工場新設完了
やめること、やりたくない					

ＤＣＦ法のように会社が稼ぐであろう将来キャッシュ・フローを正確に見積もることは簡単ではありません。実際のところ予算実績管理や中長期計画などを作り込んでいるようなケースでないと、Ｍ＆Ａの取引価額決定に利用できるような見積もりを作成できないことが多いです。

したがって、本書では中小企業のＭ＆Ａでも多く使われている、決算書上の純資産額にのれん代（営業利益又は経常利益の３～５ヶ年）を加算して算定する「純資産額＋のれん」で算出することを推奨します。ＤＣＦ法と比較しても客観的な数値が算定しやすいのでおすすめです。

〈「純資産額＋のれん代」の算出方法〉

時価純資産＋営業利益×２～５年

（　　　）＋（　　　）×（　　　）年　＝（　　　）

ここで注意していただきたいことは、いずれの算出方法においても、どちらが正しいか否かを決めるものではないということです。会社の価値は、業態や市場

図2-5 DC法と純資産額＋のれん代の違い

名称	内容	備考
DCF法	将来、対象会社が稼ぐであろうキャッシュ・フローを現在価値に割引計算して、算定する方法。	将来キャッシュ・フローの見積もり、割引率などの条件の設定によって、算出される数字が大きく変わってしまう。
純資産額＋のれん代	決算書上の純資産額にのれん代（営業利益又は経常利益の3〜5ヶ年）を加算して算定する方法。	過去の実績をベースに算定するため、客観性が高い。

によって異なるため、当事者間で納得のいく形で最終的な価額を決定していくのが通常のやり方です。

さきほどの公式を使って実際に計算してみると、おそらく自分で最初に予測した金額よりも下回るのではないかと思います。実際に私も計算をしてみましたが、予想よりも下回り驚いてしまいました（さらに売却額になると下がります）。しかし、現実的な数字が見えてくると、売却すれば良い思いができるわけじゃないことがわかるようになってきます。このように計算することで大切なのは、自分自身の上限（希望価格）と下限（ここまでだったら考え直す）価格を知ることです。

〈会社を精算する時のお金を考えてみる〉

会社の価値が算出できたら、あまり考えたくないと思っている人も多い会社をたたむときにかかる費用を計算してみましょう。売却しても思ったよりお金にならないと感じた読者もいるかもしれません。ただ、だからと言って会社をたためばいいかというとそうではありません。会社の場合、個人事業のように紙切れ1枚で廃業できるわけではなく、それなりに手続きで時間が必要となり、さらに費用がかかります。

廃業に伴う手続きを大まかに挙げると、次のような手続きがあります。

・株主総会を開催して解散決議
・廃業登記
・取引先や顧客への廃業の通告
・従業員への解雇通知、退職金の支払い、再就職先の斡旋
・金融機関からの借入金の繰り上げ返済
・工場等の建物の取り壊しと、更地にした土地の売却による現金化
・機械設備等の廃棄、または売却による現金化

ざっと考えても、これだけの手続きがあり、さらにその後は、会社の資産を現金化し株主へ分配もしなければなりません。ここまで行い、ようやく廃業ができます。

さて、これらの手続きの中でも気になるのは、従業員への退職金の支払いや、金融機関への繰り上げ返済、さらに建物等の取り壊し等で必要になるお金です。
さらに倉庫や事務所を借りている場合は、もとに戻して（回復工事をして）貸主へ戻す必要があります。工場があり機械等を持っている場合なら、それらの処分費用もかなりの金額になるはずです。一部は買取してもらえたとしても、まともに値がつかないケースも少なくありません。特に長年経営してきた会社にあった機械となれば、機械自体も古くなっていて、価値がつかないものもあります。

会社をたたむときにかかる費用については、次ページの図2-6を参考にしてみてください。

図 2-6 会社をたたむ時の費用

費用	内容
従業員の退職金・手当	従業員には会社都合で辞めてもらうことになるため、退職金のほか、別途特別手当を支給する企業も珍しくありません。
解散登記費用	印紙代3万円のほか、司法書士に依頼する場合は、10万円前後必要になると考えておきましょう。
精算人の選定・登記費用	印紙代9,000円のほか、司法書士に依頼する場合は、10万円前後必要になると考えておきましょう。
官報公告への掲載費用	解散を公告する官報へ掲載広告料は1行ごとに定められています。一般的には10行で依頼して約3万6,000円必要となります。
精算結了の登記費用	印紙代2,000円のほか、司法書士に依頼する場合は、10万円前後必要になると考えておきましょう。
在庫商品の売り切り処分費用	在庫商品は売り切って現金化する必要がありますが、どうしても処分できず、処分費用が必要になる場合もあります。
機械や設備などの廃棄処分費用	売却処分が難しい機械や設備は、撤去費用がかかります。特に大掛かりな設備や機械の処分には、相応の資金が必要になります。
事務所・工場などの原状復帰費用	事務所や工場を借りている場合は、元の状態に戻してから返却する必要があります。 特に、工場などは特殊配管・配電、クレーンなど増設する場合も珍しくないため、一定の資金を確保しておくのが良いでしょう。

廃業に伴い必要な手続きの煩雑さはさることながら、かかる費用だけを考えると、期待するほどお金が残らないことがおわかりになるかと思います。経営者の中には、「いざとなったらたためばいい」あるいは「廃業すれば返済しなくてもいいのでは」と考える人もいますが、それは違います。決して廃業を止めるわけではありませんが、M&Aで会社を売却してでも存続させる道を選択した方が賢明なケースも少なくないことを知っておいてください。

会社にまつわるお金の棚卸しに関しては、ここまでのことができればひとまず大丈夫です。

人について考える

次に、会社の人材にスポットを当てて棚卸しを行っていきます。

〈従業員の年齢やスキルを見てみる〉

あなたの会社は現在何人の従業員がいるでしょうか。また、従業員の年齢構成やスキルはどのような状況でしょうか。

会社を売却するということは、経営者だけの問題ではありません。売却した後の従業員とのコミュニケーションは買い手に任せることになってしまいます。仮に、あなたがいるからこの会社にいるのだと言ってくれる従業員がいるなら、売却することでその従業員の気持ちに反することになってしまいます。

脅すわけではありませんが、買い手先となる会社が現在の従業員に対して、どのような労働条件を提示するかはわかりません。退職間際の従業員が多い場合などは、最悪のケースを考え、どのタイミングで売却を決断した方がいいかを考えてみましょう。

また、会社の事業がベテラン従業員のスキルに依存しており、その人がいなければ事業が回らない状況になっているケースなら、その従業員がいつまで勤務してくれそうかを考えることも大切になります。先ほど、会社のお金について見てきましたが、従業員のスキルへの依存度が高い場合は、売上計画と従業員の年齢も照らし合わせて考えなければなりません。

〈家族経営の場合は、株の状況も考える〉

家族経営の会社の場合は、家族の持ち株状況も整理してみてください。中小企業では、身内から会社を承継した場合などで親族が株を所有しているケースは非常に多いです。M&Aを検討するとなると、株主である親族の同意が必要となり、場合によっては、株についても譲受してもらう必要も出てきます。

経営者自身はM&Aに前向きでも、株主から反対されてしまうと、いざという時にまとまる話もまとまらなくなってしまう恐れがあります。それを回避するためにも、M&Aを社長の一存（社長が持ち株比率100%で）でできるようにしておくことが大切です。

家族経営で、自分以外の身内が株を所有している場合、M&Aの話が進むに連れ、全株を相手に渡すように商談が進んでいくこともあります。ですから、今すぐに承継を実行しなくても、徐々に持ち株比率は変えていきましょう。

どちらにしても、最終的には株主の了解を得なければいけません。いつ話をしても同じことだと思われるかもしれませんが、他人が株主になっているケースと身内が株主になっているケースでは、問題の深さが異なります。その後の家族関係に支障がないよう、できる限り準備をしていきましょう。

もし、一部の株を家族が保有している場合、家族に役員に残ってもらい、社長である自分だけが会社から離れればいいのではと考える人もいますが、創業家が残ることで経営がうまくいかなくなる可能性もゼロではありません。買い手側の気持ちを考えると株を100%所有しておきたいと考えるのは自然なことです。心苦しいですが、そういうものだと思っておきましょう。

〈自分がいないとダメな会社なのか？〉

会社の売却を望んでも、買い手がつかなければ意味がありません。

M&A業界では、契約に至る会社数は全体のうちのわずかだといいますから、うまくいっている会社の裏で、多くの会社が成立できずにいることになります。

いかに自社に興味を持ってくれる相手を探せるか、その相手に会社の価値を高く評価してもらえるかが重要だといえます。


お金のところでは、会社の価値を簡単に算出する方法について紹介しましたが、会社の価値はそれだけで決まるものではありません。例えば、特許技術や特殊業務許可（認可）、優れた技術、優秀な人材、最新鋭の設備も価値につながります。反対に、価値がつきにくいのは、会社の事業運営に融通が利かない場合です。わかりやすくいうと、経営者がいなければすぐにでも傾いてしまうリスクを抱えた会社だということです。経営者が会社存続の鍵になっていると、売却して経営権が移っても、元の経営者をないがしろにできなくなってしまうからです。

これは、自分が買い手側になった場合のことを考えると、理解できると思います。

環境について考える

〈業界の動向を見極める〉

お金のところで会社の中長期経営計画について説明しました。その際に触れた業界の動向をここでも改めて整理していきます。業界の動向では、現在の世界情勢や政治的な要因から、自社に今後どのような影響がありそうかを推測してみてください。業界のトレンドはどう変わっていくのか、また、市場規模は拡大傾向なのか縮小傾向なのかなどを見極めていきます。

〈会社の強みと弱みを整理してみる〉

業界の大きな流れが掴めるようになれば、自社がその流れにうまく乗っていけるかどうかも見えてくると思います。会社の強みや弱みを整理しながら、自社の価値を再確認してみてください。ここで明らかにできた会社の強みは、売却の際に高く評価してもらえる要素になります。より高く評価してもらえるよう強みを伸ばしていけるのが理想です。一方で、弱みが認識できた場合は、できるだけそれを補えるような取り組みが必要になってきます。会社の棚卸しの最後として、ここでは自社の強みや弱みを正確に把握してみましょう。

繰り返すようですが、本書の読者に必ず行ってほしいのは、やはり自社の強みを把握し最大化していくことです。なぜなら、事業承継を行うのであれば強みが価値として評価され、事業承継をしない場合でも会社を強化する上で大切なことだからです。最終的にどのような選択をしたとしても、実際にやってみると新たな気付きが山のようにでてくると思います。

私自身も自社の強みと弱みを棚卸ししましたが、私のセミナーで経営者の皆様に棚卸ししていただくと、日々の経営に忙殺され気付けないけれど、ゆっくりと自社と向き合うことにより方向性が見えたという方が大勢おられます。あなたも、急に「自社の強みは?」と訊かれると戸惑ってしまうのではないでしょうか。経営者としては会社の売上や利益、資金繰りの方が気になってしまい、即座に売上や利益に直結するとは思えない強みや弱みといったところにはあまり関心が向かない方もいますが、会社の価値を最大化していこうとするなら、何をどのようにすれば価値が上がるのか、その要素を特定していく必要があります。

会社の強みや弱みを考える際のヒントとしては、取引先（お客様）の視点で自社を分析してみましょう。お客様はあなたの会社の商品（サービス）を購入して何と言ってくれていますか。あるいは、よくお客様から褒められことはなんでしょうか。お客様は何を求めて自社に来るのでしょうか。このような視点で考えてみてください。

お客様の視点で考えていくと、提供する商品・サービスの質はもちろん、納期を必ず守ってくれることや、挨拶をしっかりしてくれる、会社や事務所が綺麗で気持ちがいい、従業員の質も高いといったことも利点となります。

これらはどれも当たり前のことですから、経営者としては盲点かもしれませんが、こうしたことが会社の価値を底上げしてくれます。承継を考えたときに買い手企業は先ほどのことを非常に重視しています。

ちなみに私の場合、以前の会社では倉庫の大規模な改装と清掃リニューアルを行ったことがあります。次の写真はその際のものですが、以前のような会社だったら、おそらく買い手はつかなかったと思います。

当時、倉庫の改装や清掃リニューアルは、M&Aを意識して行ったものではありませんでしたが、実際に見学にこられた企業の方々からは「倉庫が綺麗ですね」「事務所が整理整頓されていますね」「従業員の方が大きな挨拶をしてくれて印象がよかったです」と褒めていただきました。後から聞くところによれば、会社の設備や資産の状況、従業員の様子などは買い手の承継後の安心感につながり、更にプラスの評価となったということでした。

図 2-7　事務所のリニューアル中の様子

2-4 自分自身の棚卸しをしよう

自分自身の棚卸しは、心、健康、脳で考える

会社に関する棚卸しができたら、次は自分自身の棚卸しを行っていきます。自分自身の棚卸しでは、心と健康、そして脳（思考）の3つの視点で行っていきます。なぜなら、人間の心と健康、そして脳（思考）は互いに影響し合うからです。人は健康な体があるからこそ健康な心を保つことができます。そして健康な心があるから、健康・健全でかつ前向きな脳（思考）を持つことができるのです。

体は丈夫でも心にダメージを負っていると、何事にも前向きになれません。前向きになれない状態では、頭も働かないので、経営判断がうまくいかないです。

図2-8　自分の棚卸し

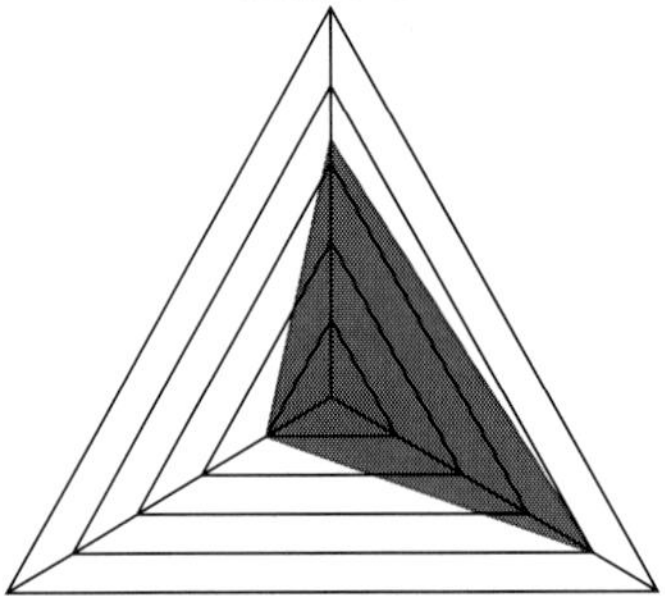

健康な心と体、脳は連動します。自分の棚卸しを行い、自分の状態を客観視してみましょう。

心と体そして脳は連動しています。ですから自分自身の棚卸しでは、この3つのバランスを保てるよう、今の状態を見つめ直し、今後もそのバランスを維持できるかを見極めていきます。

〈心〉

自分の欲に素直になってみる

最初に行っていただきたいのは、自分の欲をきちんと把握することです。

いきなり欲を問われても困るかもしれませんから、まずは自分がこの先にやりたいと思っていることや欲しいものをすべて書き出してみてください。

この時、できるだけ自分の欲求に素直になれるよう、金額のことは気にせずに頭に浮かんだものはすべて書き出してみてください。お金の上限がなかったら、今自分は何が欲しいと思うでしょうか。あるいはどんなことに挑戦してみたいでしょうか。仕事とプライベートの面でやりたいことは何でしょうか。

リストはいくつできても構いません。これ以上出てこない、というところまで書き尽くしてみてください。もしかしたら最初はなかなか浮かばないかもしれませんが、今日人生が終わってしまうとしたら、本当に後悔しないでしょうか。私利私欲に素直になり、やりたいことをとことん追求することを私は悪いと思っていません。むしろ、自分の欲求に素直になった方が、結果として人生のいい波に乗れることもあります。ただ、それにはやはり自分に素直に問いかけることがポイントとなります。

参考までに私の場合は、写真（図2-9）のように手書きでひたすら自分の率直な思いを書き出しました。実際に書き出してみると、これまで見てこなかった

図 2-9　筆者が行った自身の棚卸し

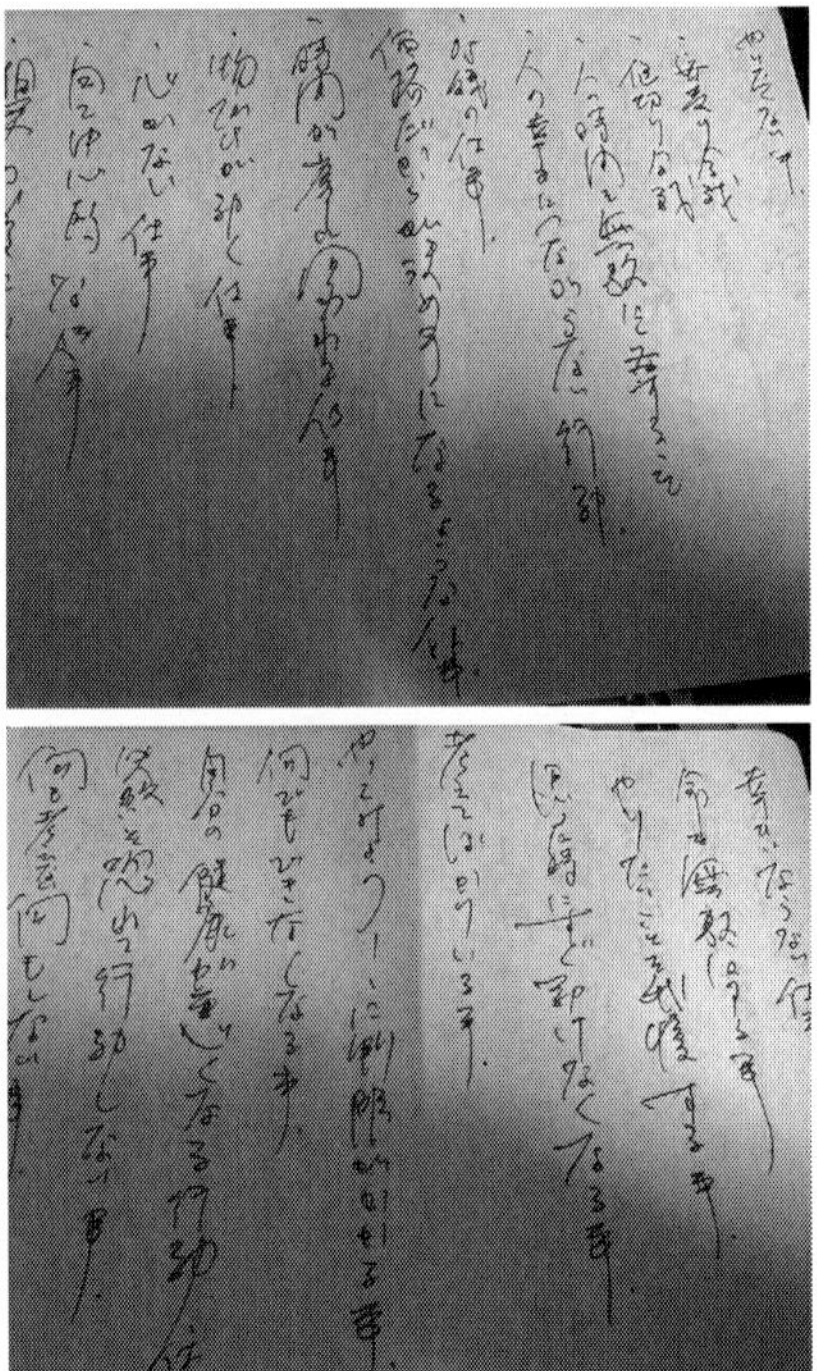

自分自身の本音に気付けることがわかりました。

向き合う中ではっきりと浮かんできたのは、会社を守りたいという強い思いと、そのために自分自身の健康も大切にしたいという意識があったことです。棚卸しをしたきっかけは、私自身に健康不安があったことが大きな理由でしたが、万が一のことがあった際に残された人たちに迷惑をかけてはいけないと改めて気がつきました。

次にあるワークシートを使い、あなたも実際に棚卸しを行ってみてください。まずは、やりたいことや欲しいものを書き出すところから始めてみましょう。次ページの図2-10にあるようなワークシートを埋め、リストを作ることができたら、それらをいつまでに実行・実現するのか期限も書いてみてください。期限を設けることで、その期限までにあとどのくらい時間があるのかが自然にわかるようになり、今自分がどのような選択をし、どのような行動を取ればいいのかが浮かび上がってくるはずです。

図2-10 ワークシート

やりたいこと100のリスト　　　　年　月　日　時　分

1	
2	
3	
4	
5	
6	
7	
8	
9	
10	

⋮

自分がやりたくないことや不要なものをリスト化する

先ほどは、自分の欲求に素直になり、やりたいことや欲しいものを挙げてもらいました。次は反対に、やりたくないことや不要なものをリスト化していきましょう。また、人によっては辞めたいこと（継続したくないこと）もあると思います。

例えば私は、この棚卸しを行った際に商売の方法について書いていました。そして、「気持ちよくお金のやり取りがしたい」や「楽しくビジネスがやりたい」とも。おそらくこれは、私の経営者時代に、下請け企業だからと値下げ交渉をされることが多かった、苦い経験から出た本心だと思います。自分が辛く苦しいことは、結局長く続けることができません。無理をして続けていても、自分の心や体を壊してしまうか、仕事がうまくいかなくなるかのどちらかになってしまうでしょう。

そう考えると、自分にとってやりたくないこと、不要なものをきちんと把握することは、とても大切なことになります。

人間関係を見つめ直してみる

次に、自分の今の人間関係についても棚卸ししていきましょう。

公私に関わらず、これまでお世話になった人たちを書き出してみると、今後もお付き合いしていきたい人や残念ながらご縁が無くなる人も見えてきます。先ほど自分にとって不要なものを書き出していただきましたが、人間関係や人脈も必要に応じて整理整頓してみましょう。

もしも、苦しい思いをしながら無理をして関係を続けている相手がいるなら、これからも同じことを続けたいのかどうかを考えてみましょう。一方で、これまでにお世話になった人たちや今後も関係性を続けていきたいと思う人たちに対しては、普段から自分が感謝の気持ちを伝えられているかを振り返ってみましょう。

いつでも言えると思っているかもしれませんが、もしもの時は突然やってくるものです。

〈健康〉

自分の健康は大丈夫？

自分の欲求を見つめることができたら、次はそれらを実現させるあなた自身の体の状態についても考えていきましょう。

人間は歳をとる生き物で、人生は限られています。いつまでも30代、40代のような動きができるわけではないです。

日々精力的に活動している経営者の中には、内心で自分の年齢や体力の衰えに対し不安を覚えながら経営を続けている人も少なくありません。それもそのはず、突然自分が倒れてしまったら、会社が回らなくなるのは目に見えています。ましてや後継者が育っていない状態であれば、自分が動かなければすぐに会社は危機的な状況になってしまうからです。

あなたが直近で健康診断を受けたのはいつでしょうか。

もしも1年以上空いているなら、すぐにでも診断を受け、健康が維持できるようにしておくことをおすすめします。

実は私は、長く健康面に不安を抱えていました。そのことがM＆Aの決断にも影響したのは間違いありません。いつまでも同じことを続けられるのかと考えたとき、会社のためにも従業員のためにも、お客様のためにも、存続できる方法を考えていかなければ……という焦りがありました。でも、健康のことはいつまで大丈夫なのかという明確な答えを出すことはできません。

このように、どの経営者もいつまでも健康でいられるとは限りません。平均寿命や健康寿命などから逆算すると、経営者でい続けられる時間はあとどのくらいなのか見えてくるのではないでしょうか。

残りの時間を計算するのはあまり気持ちのいいことではありませんが、経営者としてだけでなく、あなた自身の人生を充実させていくためにも、ぜひ向き合っていきましょう。

〈脳・能力〉

経営者の「勘」はいつまで？

自分の心と体の状況を把握できたら、次は自分の脳の状態や能力について考えていきます。脳と言われると、脳ドックなどの検査をしなければいけないのか？と思われるかもしれませんが、ここでは経営者として経営に没頭できる頭脳を保ち続けることができるかを考えていきましょう。

いくら自分に気力があっても、適格な経営判断ができなければ経営はうまくいきません。今後も加速度的に変化する社会に対応していけるかどうか、冷静に見極めてみてください。体もそうですが、脳も年々歳をとります。

やり方としておすすめの方法は、自分の年齢と会社の事業計画を照らし合わせた表などを作り、可視化していく方法です。自分が○歳になった時に、会社の状態はどうなのかなどが可視化されると、自分自身の今後を見据えた判断ができるようになってきます。

歳を重ねると、どうしても守りに入ってしまい大きな挑戦がしにくくなっていきます。私もそうでした。あなた自身は過去10年を振り返ってみるといかがでしょうか。これは自分にしかわからない感覚になります。自分自身を客観的に見つめ直していきましょう。

自分にしかできないことは何か？

自分自身のことが可視化できたら、自分にしかできないことについても考えてみましょう。経営者はこれまで会社の経営ばかりに集中しており、自分の才能を発揮する機会を逃していることも少なくないからです。

自分自身を棚卸ししてみることで、自分のやりたいことややりたくないことが明確になると同時に、自分の得意・不得意も見つけられるはずです。自分に残された時間があとどのくらいなのかを考えると、残された時間を自分にしかできないことのために使うのも選択肢の一つだと思います。

2-5 身内に後継者がいる場合の棚卸し

本当に子どもを後継者にしたいのか？

身内に後継者がいる場合（例えば子どもを後継者にしたいと考えている場合など）は、後継者に関することも棚卸しを行いましょう。具体的に何をしていくかというと、あなた自身の気持ちの確認や子どもの経営者としての資質の見極め、時間やお金のタイミングに関する情報を書き出していきます。

中小企業に多いのは、親が子どもへと会社を承継する場合です。

自分が経営者で子どもがいる場合、「子どもに自分の跡を継いでほしい」と考える人は多いですが、実際に子どもの意志をきちんと確認できている人は少ないです。

子どもの意志をはっきりと確認できていないにもかかわらず、経営者となってくれるだろう、承継してくれるだろう、と勝手に思い込んでいる人も実はいます。子どもを後継者にしたいなら、親子で腹を割って話す時間を設ける必要がありますが、その前にご自身の考えをはっきりしておきましょう。


経営者の中には、子どもを後継者にしたい気持ちはあっても、自分も後継者でありその道以外の選択肢を持つことができなかったために、子どもを後継者にすることに対し後ろ向きになっている人もいます。

子どもを後継者にすることに対し前向きでも後ろ向きでも、後悔しないために自分の本音と一度向き合ってみましょう。もしかしたら、あなたが「子どもはこう考えるに違いない」と思い込んでいるだけで、子は子なりの考えがあるかもしれません。話してみなければどうなるかわかりません。まずは自分の考えを確定させていきましょう。その際、なぜ後継者にしたいと思っているのか、どうしたら後継者になってくれるのか。あるいは、なぜ後継者にしたくないのか、どのような理由で後継者にしたくないと思っているのかというように、その理由も添えるようにすると、納得できる答えが見つかります。

お金と時間のバランスを考える

子どもがまだ学生あるいは社会人として未熟だと思っている場合は、実際に承継するまでに時間を要することもあります。その場合は、大まかな承継の時期を仮で決めておき、その時期まで会社が維持できそうかを考えていきます。会社だけでなく、経営者であるあなた自身の気力や体力なども加味しながら考えていきましょう。

いくら経営者とはいえ、我が子を後継者にするとなれば、子どもにできるだけ辛い思いをさせたくないという親心が出てきます。その場合であれば、子どもが承継した際に軌道に乗せられるよう、今のうちから他社と業務提携をして事業を強化させたり、売上を安定させるための柱となる商品の開発が必要だということに気付けるかもしれません。

後継者がいるといっても、いきなり後継者に据えることは難しいので、会社の仕事を実践で学んでもらい、従業員や取引先との顔繋ぎのための準備期間が必要です。実際、父から会社を受け継いだ私も、数年は会社の従業員として働く中で仕事を覚え、数年後に経営者になりました。もしも先代との伴走期間がなかったとしたら、うまく承継ができなかったと思います。

後継者がいる場合は、相手の意志確認ができているか否かに関わらず、まずは実際の承継時期から逆算し、お金と時間のバランスが現実的かどうか考えてみてください。

2-6 棚卸しの内容をまとめ、俯瞰してみよう

ここまで、会社と自分自身の2つの側面から棚卸しをしていただきました。最後にここでは、これまで行ってきた棚卸しの内容を1つにまとめ、全体を俯瞰する作業を行っていきます。図2-3と図2-4とをつなぎ合わせてみると、次の図のように全体を可視化することができます。

図のようにまとめることで、どのタイミングでどのようなことが起こりうるのか。あるいは、重要な決断はいつまでにすべきなのかがわかるようになってきます。

図2-12に書き込み式のワークシートがあるので、実際に書き込んでみてください。

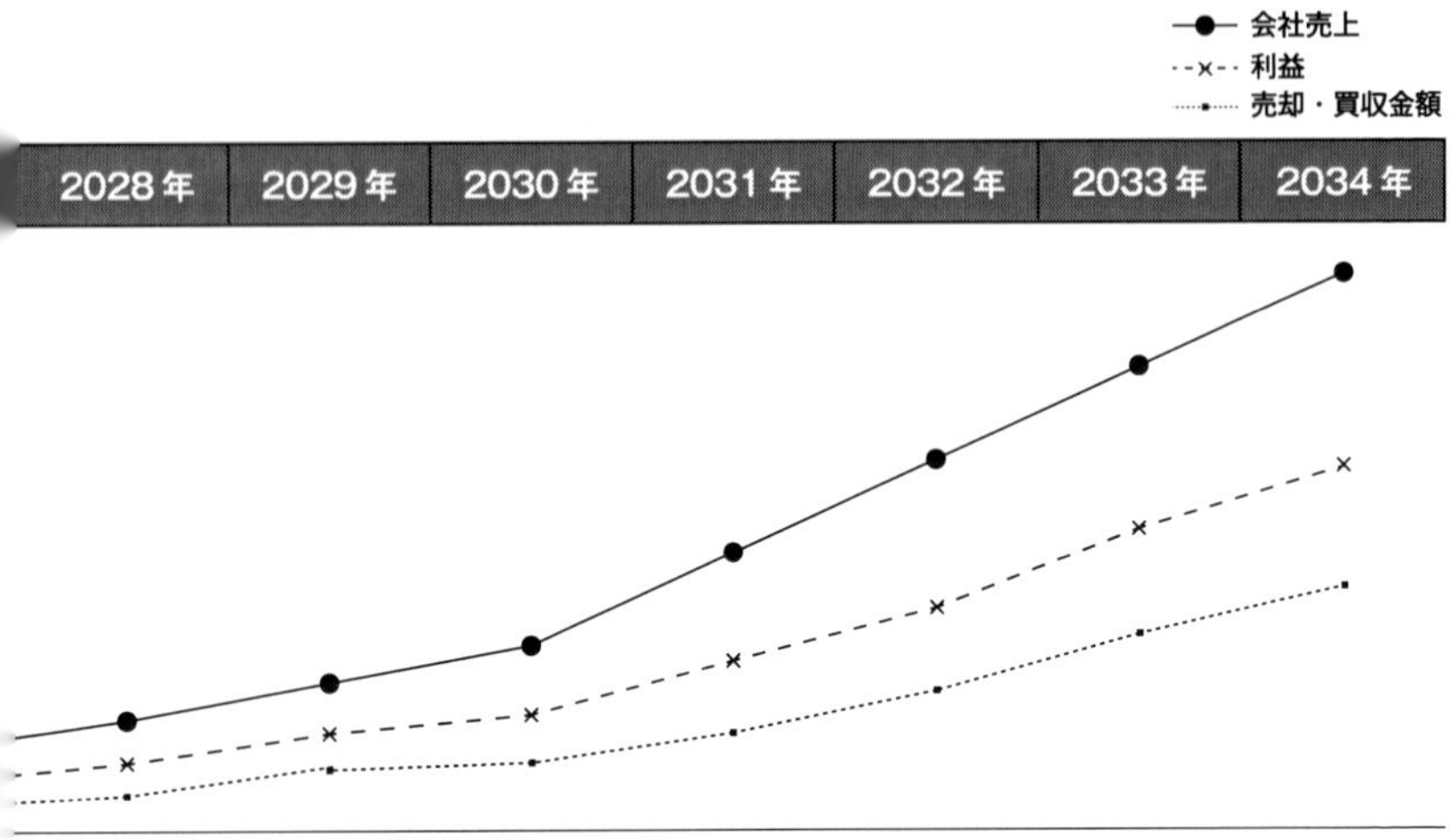

2028年	2029年	2030年	2031年	2032年	2033年	2034年
67歳	68歳	69歳	70歳	71歳	72歳	73歳
63際	64歳	65歳	66歳	67歳	68歳	69歳
40際	41歳	42歳	43歳	44歳	45歳	46歳
						代表を交代予定、会長へ
				1週間のバカンスで将来を考える		
					若者の教育へ力を注ぐ	
500	700	1,000	1,500	3,000	3,500	4,000
60	80	100	150	200	250	300
				○○会社と提携する		○○会社と○○会社を買収する

図 2-11 棚卸ししたことをまとめて俯瞰する

売上目標と事業継承計画（記入例）

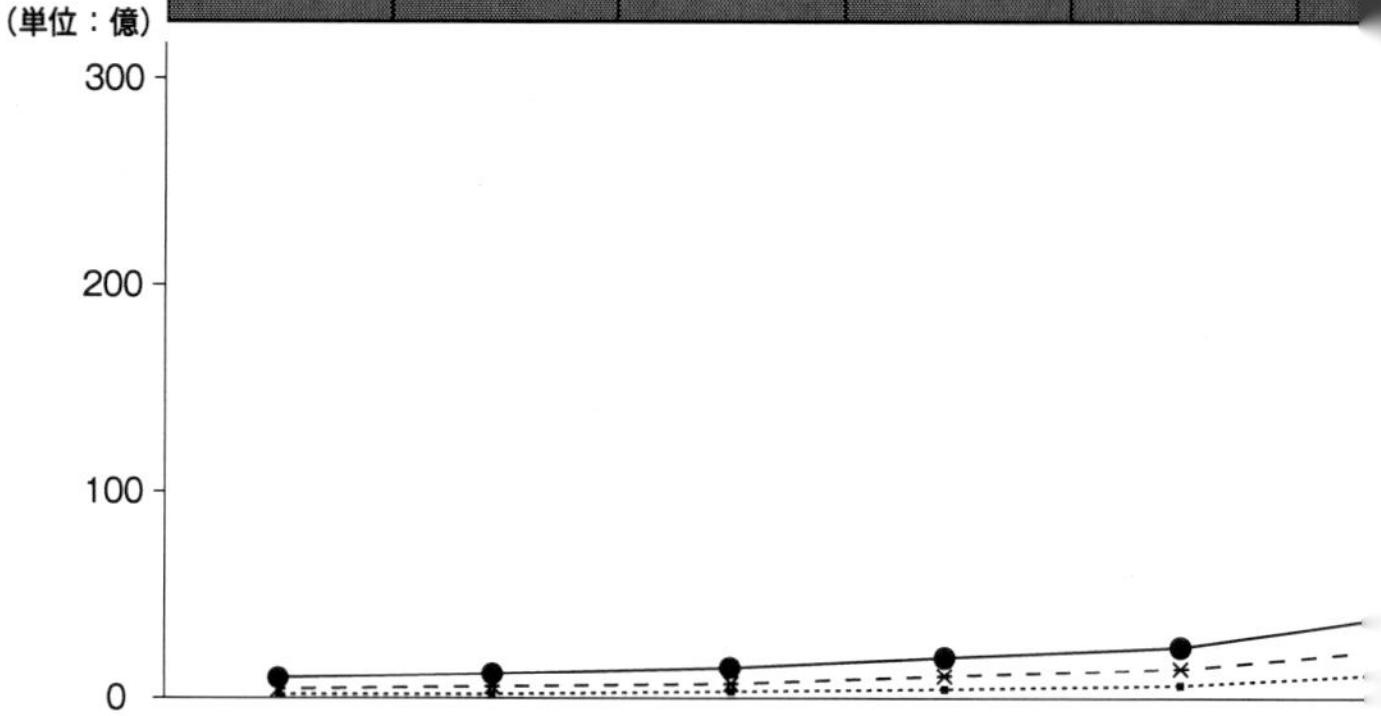

	2023 年	2024 年	2025 年	2026 年	2027 年
自　分	62 歳	63 歳	64 歳	65 歳	66 歳
配偶者	58 歳	59 歳	60 歳	61 歳	62 歳
後継者	35 歳	36 歳	37 歳	38 歳	39 歳
やりたいこと			後継者Ａが外部で修行後に我が社に戻ってくる		
	やりたいことリスト５個実行済				
		念願の○○の感謝旅行ができた			
					会社規模拡大！工場新設完了
やめること、やりたくない					
市場規模	100	120	150	200	250
自社規模	10	12	15	20	25
企業ビジョン・投資計画	○○業界で初めての技術開発をする	新システム導入で世界から注目をされる	大型受注を受ける	工場を新設する	
ライバル予測	○○の規制で研究を始める		○○会社と手を組む		
経済予測（予定）	規制緩和あり	○○の導入に注目が集まる			○○のブームにより人の思考が変わる
人材計画	○○人の採用をする	○○部門の研究で研究所を設立し人材を教育する			海外へ○○部門の人を呼び込む
資金計画	○○銀行から投資案件あり				ファンドを設立する

会社売上
利益
売却・買収金額

年	年	年	年	年	年	年

歳	歳	歳	歳	歳	歳	歳
歳	歳	歳	歳	歳	歳	歳
歳	歳	歳	歳	歳	歳	歳

図 2-12 売上目標と事業継承計画ワークシート

売上目標と事業継承計画（書き込み式）

（単位：　）

0

	年	年	年	年	年
自　分	歳	歳	歳	歳	歳
配偶者	歳	歳	歳	歳	歳
後継者	歳	歳	歳	歳	歳
やりたいこと					
やめること、やりたくない					
市場規模					
自社規模					
企業ビジョン・投資計画					
ライバル予測					
経済予測（予定）					
人材計画					
資金計画					

3章

会社の今後を決めていこう

3-1

状況に応じた選択をしよう

棚卸しの結果をもとに、最適解を考える

棚卸しができたら、次は会社の今後に関する決断をしていきます。ここまでの棚卸しで揃えた情報をもとに会社がとるべき選択を考えると、おそらく「今すぐM&Aを考える」「将来的にM&Aを考える」「世代交代で事業を承継する」の3つに分類できるのではないでしょうか。当然ながら、状況はそれぞれの会社ごとに異なりますが、ここではあくまでも大枠で捉えてみてください。

例えば身内に後継者がいて、棚卸しの結果としてやはり身内に跡を継いでもらいたいと考える場合は、「世代交代で事業を承継する」に当てはまります。また、自分の年齢や体力、あるいは会社の資金繰りから見て、今このタイミングで

売却できるよう動いた方がいいと感じる場合は、「今すぐM&Aを考える」に当てはまります。

自分はどのような状況かがわかりにくいという人は、次の図にあるような判定シートを使って、該当するものに○を、該当しないものに×をつけていきましょう。

各項目のグループ毎に○の数を数えて小計の欄に数字を書いてみてください。数字が出ると現在の自分自身の位置がわかりやすくなります。

「3-2　会社を売る場合の方針を決めておく」では、先ほどの3つのケース別に選択のポイントを紹介していきますので、それらを参考にしながら、自分の状況に最も近いものを見ていきましょう。

図3-1 自分のタイミングがわかる判定シート

チェック項目	○・×	小計
身内に後継者がおらず、社内にも適任者がいない。		
この会社は、自分の代で終わらせるつもりだ。		
業界の先行きを考えた場合、継続していくことが困難である。		
後継者には、自分と同じ苦労をさせたくない。		
経営者としての自分に健康不安があり、存続が難しい状況にある。		

今後のことを考えると、他者と一緒に事業を進めていくことがいいと考えている。		
更なる発展を考えた場合、すぐに結果を出していきたい。		
他業種で興味がある分野があり、その会社と一緒に業務を進めたいと思っている。		
業界初のように注目されている企業である。		
承継の時期を自分自身で決めている。周囲には公表をしていない。		

後継者がいるが、まだ会社に入社していない。		
息子が事業をやりたがっている。経営に興味関心がある。		
子どもは、家業に興味がありそうだ。		
身内で「いつしか社長になりたい」と言っている家族がいる。		
身内で（または社長から見て）身内のことを経営者に向いている、才能があると思っている。		

今すぐM&Aをした方がいい場合

今すぐM&Aを検討した方がいい場合は、現在の経営者自身の健康状況、資金繰り状況や後継者不在など、複数の課題を抱えているケースが多くなります。もちろん、融資を受けて会社を立て直し、軌道に乗せていくことができればいいですが、そのためにかかる時間や労力と、実行する経営者自身のモチベーションや体力などの兼ね合いから、総合的に判断する必要があります。

将来的にM&Aを考える場合

将来的にM&Aを考えた方がいい場合は、先ほどの項目には該当せず、かつ身内に継承者がいない場合に当てはまります。

会社の状況としてはさまざまだと思いますが、この場合は、まず売上や利益を伸ばして自社の価値を高めていくことを考えていきましょう。将来的にM&A

を想定し、会社が高く評価されるように準備をしていきましょう。
会社の資本状況から余裕がある場合は、自社の努力でさらに業績を伸ばしていくことができるかもしれませんが、場合によっては他社と協業や業務提携等で、売上を拡大させていくという戦略も考えられます。

あるいは、自社がM＆Aの買い手となり、他社を買収することで骨太な会社に育てていくことも視野に入れられるはずです。買い手となる場合は、成長戦略の目標や夢の実現が確実に早くなります。目標や夢の実現までの時間を短縮できるのが、M＆Aのメリットです。

世代交代で事業を承継する場合

身内に後継者がいる場合は、改めてあなた自身の意志を固め、さらには後継者となる人の意志を確認していくことが大切になります。このケースの場合に確認しておきたいことは、次の項目です。

・後継者は、引き継ぐ意志があるか？
・後継者は、経営者としての資質があるか？
・事業承継が実行できるタイミングまで、会社を運営できそうか？
・後継者と社内の従業員との相性、関係性はよさそうか？

3-2 会社を売る場合の方針を決めておく

売却の決定条件を定めておく

大まかに自分が取るべき選択が決まったら、次は実際に会社を売却する際の方針を決めていきます。M&Aを成立させるには、さまざまな条件を提示し双方が合意していかなければなりません。M&Aの仲介業者等に依頼する場合は、基本的に相手と直接交渉することはありませんが、仲介業者を通しての条件交渉は当然あります。

事前にどのような条件であれば会社を売却してもいいと思えるのかを決めていきましょう。棚卸しでは、会社の売却額にしか触れませんでしたが、ここでは他の売却条件を決めていきます。

売却条件として最低限本書で決めておいていただきたいのは、「売却価格」「対価の支払い方法」「売却時期」「従業員の雇用と待遇」「売却後の経営への関与」「社名・ブランド名の継続使用」「仕入先、得意先との取引継続」についてです。

売却価格

2章の棚卸しでは、会社の評価額を推測してもらいましたが、ここでははっきりとした希望金額を決めていきましょう。あなた自身が会社をいくらなら売ってもいいと思うのか、希望の金額と2章で使った評価金額の算出方法を使って出した金額を比較しながら、自分の中での落とし所を決めていきましょう。

ちなみに会社の評価額は、買い主やM&Aのコンサル会社や仲介業者によって異なります。どのような要素を重視して算出するかによって計算方法が異なるので、いくつかの方法で計算をしておきましょう。M&A時における評価額の計算方法を専門家に依頼してアドバイスを聞くことも考えたいところですが、これについては後述していきます。

売却価格については、2章で大まかな計算方法もお伝えしましたが、実際はさまざまな計算方法があり、仲介業者によって異なる計算式を用いることも少なくありません。

わかりやすくいうと、売り手側と買い手側が用いる計算式が違います。売り手はより高く、買い手はより安く買おうとしますから、実際の商談になってみないとはっきりしたことはわからないと考えてください。ただ、心構えとしてアドバイスするなら、相手から提示される価格は、到底納得のいく価格ではないことがほとんどでしょう。これまでの会社の歴史や汗水流してきたという気持ちから期待する金額とは裏腹に、財務諸表から算出され、加点や減点がされていきます。結果、提示される数字を見ると、複雑な気持ちになるのは当然のことです。

会社を購入する際の価格については、いろんな格言があるほどです。

「会社は高くてもいいので、買うのが正解である。高く買って早くシナジー効果を出す」「会社は早く高く買う。他社に買われない価格で買う」「会社は安く買うのが当然である」「安ければ安いほどいい」などがありますが、価格の論点は真逆ともいえます。

すぐに会社を売りたいというような事情がない場合は、売却額に対しある一定のラインを決めておくこともおすすめします。

対価の支払い方法

中小企業のM&Aでは、基本的にM&A時の対価の支払い方法は現金払いです。支払い方法は、一括払いや分割払い等があるといわれますが、一般的には現金一括払いだと考えてください。どのような支払い方法になるかは、実際の交渉の中で決めていきますが、自分がどうしたいかあらかじめ決めておきましょう。

契約上、売却後も役員やアドバイザー・顧問等として会社に関わる場合もありますが、その際の指導料は、別途契約書の中で記載されます。

売却時期

売却を希望する時期がある、もしくは期限がある場合は、その時期を明確にしておく必要があります。もしも売却時期を急ぐために、買い手が買収する事業の評価をするための時間が十分に確保できないとなると、そのことが原因で会社の評価額が下がってしまう恐れもあります。

すぐにお金が必要になる場合なら急いで売却しなければならない状況も理解できますが、できればそのような状況は避けたいものです。

反対に、売却時期に余裕がある場合は、会社の売上が上がる時期を狙うなどして、評価額が上がるように工夫する会社もあります。

売却月の決め方は、多くの場合が決算月の絡みで決めることが多いようです。他には、業界的に繁忙期がある場合などは、そこを避けるケースもあります。

従業員の雇用と待遇

従業員がいる場合、会社を売却した後の従業員の雇用や待遇についてどのように希望するかも考えておきましょう。従業員は、経営者であるあなたを支え、会社のために精一杯貢献してきてくれた仲間です。そんな大切な仲間が、会社を売却して自分が経営から退いた後も安心して働けるような待遇を買い手に求めたいところです。雇用条件の提示は、決算までを基準とすることが多く、長くても要望としては1年くらいとなります。日々経営をしていく中でさまざまな状況があるので大体の期間を知っておきましょう。

「具体的にどうすればいいのですか?」と買い手に訊かれた際に何も答えられないようではいけません。従業員をどのようにして守っていくのか、紙に書き出すなどして考えておいてください。雇用の面では、雇用の維持を具体的に金額と期間とで確認をする必要があります。また、引き続き従業員が活躍できるように従業員の能力や長所などもこの機会にメモをしていきましょう。組織図、能力一覧、昇級面談、目標面談などの履歴もあれば参考になります。

売却後の経営への関与

会社を売却した後もその会社に残れるかどうかは、契約条件次第です。

経営者の中には、会社を売却したらもう経営に関われなくなると考える人もいますが、そうではありません。むしろ私は、会社の引き継ぎを確実に行っていくためにも、何らかの形で当面は会社に残れるような契約をした方がいいと考えます。

例えば、ずっと守り続けてきた会社のルールを、新代表になった途端に変えられてしまうというケースがあります。そのルールには、トラブルの再発防止のために設けられたという背景があったのですが、新代表や新任の役員はその事実を完全に把握することはできません。

残された従業員と話し合った末にルールの撤廃を決めたとしても、その従業員もルール創設の背景を理解しているとは限らないのです。結果的に、新代表に切り替わった後は特に、同じミスやトラブルを繰り返すリスクがあります。

せっかく築いてきた会社の信用を損なわないためにも、売却後も経営に関与できるように交渉することをおすすめします。また、新代表や従業員・お客様へのサポートも積極的にしていきましょう。

社名・ブランド名の継続使用

これまで会社のブランド力を強化してきたのに、買収後に急に社名や商品名が変更になると、それまで築いてきた努力が水の泡です。例えば、社名変更やブランド名変更が、ブランディングに関与し、売上に大きく影響を及ぼすことが想定される場合は、売却後も継続して使用してもらえる可能性も高くなります。一方で、ブランディングにはそれほど影響しないと想定されるが、代々受け継いだ名前を継続してほしいという思いがある場合は、買い手がそれを理解してくれるかどうかによります。

交渉時に言及し、契約時に記載をしておかないと、後から騒いでも手も足も出せません。社名やブランド名がどこまで影響するのかを考えていきましょう。

仕入先、得意先との取引継続

仕入先や得意先との取引を継続して欲しい場合も、必ず契約条件に加えておかなければなりません。どの会社と取引するかは、当然のことながら新代表が経営戦略に基づいて決めていけばいいと思われるかもしれません。

ですが、商品の品質維持や供給量維持のために、仕入先や取引先を変えない方がいいこともあります。その場合は、前ページで触れた社名・ブランド名の継続使用と同じく、しっかりと交渉して契約書に記載しておく必要があります。

3-3 人に相談したい時はどうするか？

会社のことは誰に相談すればいいのか？

これまで本書では、できる限り経営者自身で会社の将来について考え、ある程度の段階までは自分で選択できるようにガイドしてきました。しかし、このような重大なテーマを1人だけで判断するのはやはり迷いもたくさん出てきます。見えないところでは、リスクもあります。

M&Aはデリケートかつ複雑なテーマですし、知識不足が最終的な売却額や契約条件に影響することも十分考えられます。例えば株式会社の売却であれば、株式譲渡と事業譲渡という方法があります。この2つのどちらを選ぶかによって、譲渡代金の入る先が、会社になるか株主になるか変わってしまうのです。

この2つのうちどちらがいいかはその時々の判断に委ねられますが、より適切な判断をするためにも専門家の力は不可欠です。とはいえ、いくら知らない領域の話だといっても、経営者本人が何も勉強せず専門家に任せきりではいけません。くどいようですが、あなたが大切にしてきた会社の重要なことを決定するわけですし、経営者人生の中でも最も大きな決断になります。

あなたの決断がよりよいものになるよう、自分でも十分に勉強や情報収集を重ねながら、専門家の意見も取り入れ、総合的に判断していけるようにしましょう。

M&Aの相談ができる専門家は多いですが、一体誰に何を相談すればいいのでしょうか。

一番頼れるのは、実体験のある人

あくまで私の意見ですが、M&Aについて理解できておらず迷っている段階の経営者がいきなりM&Aのコンサルタントや仲介業者へ問い合わせるのは少々危険だと考えています。まだまだ不確定要素が多く、一度話を聞いてみたいという程度のものであれば、M&Aの経験者に相談するのが一番です。周囲に経験者がいれば、ぜひその人の話を聞いてみてください。

ちなみに現在私が運営している一般社団法人 綜合継承の会『継活大学《けいかつだいがく》』では、M&Aについて客観的に相談できる機会を設けています。私自身の経験から、仲介業者ではなく本音でM&Aについて相談でき、伴走しながら考えてもらえる機関が必要だと以前から考えていました。まずは客観的に判断してもらえるところへ相談するのがおすすめです。

M&Aのコンサルタントは、何をしてくれるかで考える

M&Aのコンサルタントは、M&A全般の専門家として、親身に相談を受けてもらえるところになります。しかし、コンサルタントによってはM&Aの仲介業者とつながっている場合もありますから、客観的なアドバイスが受けられるとは限りません。相談をするつもりが、契約書や決算書の提出を求められたり、商談

の場がいつのまにか設けられている場合もあります。仲介する人は、あくまで仲介することがサービスの目的であり、仲介して成果報酬を得ています。目的が成約に向いているので注意をしていきましょう。事前に何の情報が欲しいのか、何のアドバイスを求めているのかを明確にしておきましょう。

比較的利用しやすい商工会

地元の中小企業を支援してくれる商工会は、M&Aに関するセミナーや相談会が行われています。誰を頼っていいのかわからなくなった場合は、まず商工会を頼るのも1つの方法です。商工会では経営相談の専門家もいますので、入会している場合は一度問い合わせしてみるのもいいでしょう。ここでも先ほどのコンサルタントと同様に、どこまで自分自身が知っていて何について確認をするのかを明確にしていきましょう。

ある程度決意できたら、仲介業者

M&Aを実行するとなると、仲介業者との接点も多くなってきます。仲介業者は、企業をマッチングすることで仲介手数料をもらうビジネスモデルですから、M&Aを勧めてくることをわかった上で相談するようにしましょう。

M&Aの仲介業者は近年増加傾向にあり、それぞれの会社が多様なサービスを展開しています。例えば、インターネット上で売り手と買い手のマッチングができるサービスは、気軽に利用できる点が多忙な経営者から人気のようです。また、○○業界専門などと業界特化型のところもありますから、場合によっては業界特化型の会社を頼るのもいいかもしれません。

本書で特定の会社をおすすめすることはありませんが、仲介業者選びのポイントを挙げるなら、より多くの企業リストを所有している会社を選ぶことをおすすめします。また、M&Aを成功させた実績も選ぶ際の重要なポイントとなります。

仲介業者選びで気をつけたいことは、特定の仲介業者と一度契約を結んでしまうと、一定期間は、契約上の拘束があり、他の業者を頼ることができなくなる点です。

例えば、仲介業者が提示した会社の評価額について仲介業者以外の専門家に相談することは規約違反になりませんが、別の仲介業者に相談することはできません。

つまり、最初に相談する仲介業者が非常に大事だということです。M&Aは決して急いで行うものではありませんが、タイミングを逃すとかえって売れなくなってしまうこともあります。タイミングを見極めるのは非常に難しいですが、仲介業者を利用する際は、このようなルールがあることを知っておきましょう。当然ながら良い業者も悪い業者もあります。自分に合った会社も合わない会社もあります。

売却額を見てもらうなら、会計事務所

会計事務所は、会社の評価額あるいは売却額が正しいかどうかを相談する際に

力になってくれます。本書ですでにお伝えしているように、会社の売却額は何を基準にして算出するかによって、大きく金額が異なります。M&Aの仲介会社等から提示された評価額が正しいかどうかを第三者にも見てもらい、金額にズレがないことを確認しましょう。

ちなみに、すべての会計事務所がM&A全般（全業務）を扱えるわけではありませんので、そこは注意が必要です。買収監査等をしている会計事務所であれば、M&Aに関する相談窓口を設置している場合もあります。

銀行への相談は一番最後にしておく

お金が絡むという理由から、M&Aについて銀行に相談すればいいと考える人もいるかもしれませんが、銀行への相談は1番最後にしておきましょう。

理由は簡単で、M&Aの相談をすることで、売り手、買い手に対する見方が銀行によって異なるからです。M&Aをすでに実施している（応援している）銀行もあれば、全く実施していない（取り扱いしていない）銀行もあります。銀行の評価が異なり、融資等に影響する場合もあります。売却について相談すると当然ながら、何らかの理由で会社を存続させられなくなるという見方をされます。M&Aが必ず成功するわけではありませんから、万一、うまくいかなくなった場合、金融機関の対応も変わってきます。M&Aについての知識が豊富な銀行員はまだ少ないようです。売却した後の話についても銀行員に相談しても（よくわかっていない）場合も多々あります。

弁護士の活用について

弁護士にも、M&Aの相談をすることができます。

企業同士の契約条件（条項）には、普段使い慣れない専門用語も出てきます。その読み込みを自分一人でやるのではなく、弁護士を頼るのも1つの方法です。契約書では、「やろうと思う」「必ずやる」「できればやる」といろんな意味で文章が構成されています。ぜひ、自分でわかった気にならず、一度は弁護士に見てもらうことをおすすめします。

また、廃業を考えざるを得ない場合についても弁護士と相談をしていきましょう。廃業の手続きだけではなく、会社や個人の行く末についても具体的に相談することができます。自分自身で得た知識では不十分な場合が多く、また法律も常に変わっていきます。弁護士に相談して確実にポイントを押さえていきましょう。

3-4

後悔しない選択のためにやっておくこと

普段から味方探しをしておく

私はすでに、M&Aを実行した人間ですが、振り返ってみるとやり直したいと感じるところも多々あります。

100%満足できたわけではありませんが、すでに実行した以上、後悔しても仕方がありません。後悔・失敗を少しでも減らすために、これからM&Aを検討される方へアドバイスできることがあるとすれば、仲介業者やコンサルタントなど、M&Aのことを客観的に相談できる相手を作っておくことです。

将来的にM&Aを考えているなら、M&Aのセミナーなどへ定期的に足を運んでおくと、経験者との接点が作れることもあります。

子どもに少しずつ、現場を見せておく

身内に後継者がいて将来的に承継したいと考えている人で、その後継者がまだ子どもの場合は、まず自分の仕事のことを知ってもらうところからはじめておくといいでしょう。

私自身もよく父に仕事場に連れて行ってもらった記憶がありますが、そうした体験と記憶の積み重ねがあると「この仕事は面白そうだな」や「お父さんかっこいいな」「将来は僕も（私も）社長になりたい」といった気持ちを抱いてもらいやすくなります。

もちろん、子どもにも夢があるでしょうし、強制するのはよくありません。ですが、タイミングがきた時に、「自分がやる」と手を上げてもらえるような環境作りはしておいてもいいのではないでしょうか。

また、在学中の後継者がいる場合については、1年生のうちに仕事について話

をする、2年生の時には会社の歴史を語る、そして次のステップで経営者の仕事について話をするといったように、段階的に話をしていくことが大切です。意図的に計画的に話をしていきましょう。

3-5 買い手の目線

この章の最後では、買い手の目線について説明していきます。
ここでいう買い手の目線とは、買い手の考え方や見るポイントのことです。売り手側がどのように準備していくかも大切ですが、よりよい条件で会社を買ってもらうためにも、M&A戦略を立てる上でも、相手のことを知っておくことが重要になります。

買い手の考え方として押さえておきたいことは、買い手がなぜM&Aをするかということです。買い手がM&Aをする理由は、大きく2つの理由に分けることができます。1つは、今後の事業戦略上で不足している分野を取り入れ会社の成長を加速させていきたいという理由。もう1つは、将来的に可能性のある業界に投資したいという理由です。新規事業を始める際、自社のリソースでゼロから立ち上げるよりも、すでに設備やノウハウを所有している会社を吸収した方が、早く事業が回ります。買収することで一時的な支出はありますが、すでに資産化されているものがあることを踏まえると、回収も早くなると考えています。

ちなみに私の経験では、コロナ禍のような状況下でも売上を伸ばせたという理由で評価されました。どの業界もコロナ禍によって大きな打撃を受け、従来と同じ事業展開が通じないという事態に見舞われていましたが、厳しい状況下でも私の会社は売上を伸ばすことができていました。

本書のテーマとは離れてしまうので詳細には触れませんが、このようなことが実現できる会社であることは、買い手側にとって大きな価値になったようです。

また、売上のような可視化できる要素ではありませんが、会社のブランド力や認知度、職場の雰囲気も重要視されるポイントです。買収したからといってすぐに軌道に乗るわけではなく、新しい経営陣と従業員との関係性構築にもある一定の時間を要します。その意味でも、お互いに雰囲気や大切にしている考え方が似ている点があると、関係性構築がスムーズに進むのではないかという印象を与えることができます。

4章

事業承継のための準備と計画

4-1

M&A実行までの流れを理解しよう

M&Aの流れは3段階ある

M&Aをどのタイミングですべきかを検討することができたら、次はM&Aのための準備と計画について理解していきましょう。まずここでは、一般的なM&Aの流れについて説明していきます。

M&Aの流れは、大まかにいうと検討段階と実行段階の2段階に分かれることが一般的です。本書ではM&Aを成功させるための準備期間も含めて考えていくため、準備段階、検討段階、実行段階の3段階で考えていきます。

準備段階についてはすでにお伝えしてきたように基本的に経営者が1人で取り組んでいく段階です。検討段階以降は実際にM&Aの相手先を決め（場合によっ

図4-1 M&A実行までの流れ

1. M&A会社へ相談
2. 契約の締結
3. 条件設定
4. 会社名非公表の資料の提示を受ける
5. 会社名公表
6. トップ面談
7. 意向表明書の提出
8. 基本合意書の締結
9. 買収監査の実施
10. 最終譲渡契約の締結
11. クロージング（支払）

てはアドバイザーや仲介業者等を決め）契約していく段階に入るため、二人三脚でM＆Aに取り組んでいくことになります。

ちなみに準備段階は、本書でいう2〜3章の内容にあたります。自分や会社についての棚卸しを行い、取るべき選択について考えていきます。3章の内容をもとに取るべき選択を考えることができたら、可能な準備を実行していきましょう。

大方の準備を終え、いよいよ本格的にM＆Aを検討する時期に突入したら、検討段階に入っていきます。

M＆Aの検討段階

検討段階で行うことはM＆Aの目的や戦略を明確にすること、買い手企業の選定、（場合によっては仲介業者の選定）およびターゲット企業（業界）の選定などです。

3章でお伝えしたように、仲介業者との契約は一度結んでしまうと、一定期間拘束力があり他の仲介業者を頼ることができなくなる場合もあります。少なくともこの検討段階までは契約をしないようにしましょう。

仲介業者と契約すると、自社の情報が仲介業者のリストに掲載され、自社に関心のある企業を紹介してくれるようになります。その際には、こちら側の希望条件も伝えておきます。

いつどのような企業から声がかかるかは全く検討がつきませんが、声がかかったら、M&Aは検討段階から実行段階へと移っていきます。

検討段階の中で行われるのは、相手候補への打診と、秘密保持契約の締結です。

〈相手候補への打診・秘密保持契約の締結〉

買い手候補となる企業が現れれば、売り手と買い手企業同士で秘密保持契約(NDA Non-Disclosure Agreement)を締結します。

秘密保持契約とは、M&Aに関する情報を公表されるまで外部には漏らさないことを約束する契約です。

M&Aでは、機密性の高い情報のやり取りが発生します。そのような情報が外部に漏れると、M&Aの成否に関わるだけでなく株価やその後の双方の経営にも影響が及ぶこともあります。

そのようなリスクを未然に防止するために秘密保持契約を締結します。これを締結した後に、実際の交渉が開始されます。

M&Aの実行段階

〈トップ面談・交渉〉

「ノンネーム資料」や「企業概要書」を元に相手企業からM&A仲介業者へ興味を示す連絡が来たら、次に経営者同士のトップ面談を行います。

トップ面談はあくまでも交流としての位置づけであり、交渉をする場ではありません。経営者同士の顔合わせや相性確認をする場です。それぞれの自己紹介や会社紹介が中心となり、双方の会社や工場の見学は後日行われる場合が多いです。

トップ面談が行われた後に、M&Aに関する細かい条件交渉へと移行することになります。

一度または複数回のトップ面談でM&Aの条件交渉に移行するかどうかは、状況によりさまざまです。条件交渉は間にM&A仲介業者が入って、売却金額や売却予定日などの条件のすり合わせを行います。仲介業者が入る場合は、トップ面談以外に売り主と買い主が直接交渉や会話をすることはありません。

〈基本合意書の締結〉

トップ面談・条件交渉を経て自社と相手企業の双方がM&A実施に合意した段階で、相手企業と基本合意書を締結します。

基本合意書は本契約ではなく、あくまでもM&Aに関するお互いの意思を確認する仮契約という位置づけです。基本合意書には、一般的に売却予定金額や売却予定日、役員の異動、調査の進め方、善管注意義務などが記載されます。この書面では、意思確認までになりますので法的拘束力が弱いのも特徴になります。

〈買収監査（デューデリジェンス）の実施〉

M&A基本合意書を締結したら、買収監査（デューデリジェンス）を行います。デューデリジェンスは、自社と相手企業における情報の非対称性の解消を目的として行われます。

自社の経営情報については十分に理解していても、相手企業の内部情報は保有していないため、経営状況など詳細を把握していません。ですから、このような状況を解消して自社と相手企業が対等な立場で交渉を行えるようにすることが、デューデリジェンスの重要な目的です。

一般的にデューデリジェンスは、買い手が売り手企業について把握したい事項に沿って行われます。具体的には、M&Aの実現可能性、買収価格の適正性、買収後のトラブル発生の可能性、その他特殊な事情の有無などが挙げられます。

デューデリジェンスで実施される項目は、主に財務・法務・労務・ビジネスの4分野となります。財務デューデリジェンスでは、貸借対照表に計上されている資産の実在性、評価の妥当性、簿外負債の有無、相違の有無などを調査します。法務デューデリジェンスは法令を遵守した経営がなされているかなどを調査するために行われます。

労務デューデリジェンスでは、就業規則や賃金規定、退職金規定などの各種規程や残業代、有給休暇、内規などが調査されます。ビジネスデューデリジェンスは、内部統制や営業方針、在庫管理、会計方針、IT運用状況などが調査されます。

売り手側は、デューデリジェンスを受ける立場であり、買い手企業に適正な情報を提供するため協力しなければならず、売り手側の従業員は非常に負担がかかることになります。

具体的には、開示資料の準備や資料の作成、質問対応など日常業務と合わせて進めなければなりません。

特に中小企業は内部管理体制が整備されておらず、要求された資料を十分に作成できないこともあります。資料不足が重なると、買い手企業は適切に評価ができず、M&Aを見送るという判断をさせてしまうこともあります。

上記のような事態を避けるには、M&Aを検討した初期の段階で、顧問の税理士や弁護士などと相談しながら書類を整備しておくことも大切です。

なお、売買価格の決定は買い手企業が決めるとはいえ、デューデリジェンスによって算出された価格の妥当性については、売り手企業である自社においても判断できるよう専門家とともに準備しておきましょう。

必要な場合には、売買価格について意見や交渉もでき、売却価格の調整ができます。

〈最終契約の締結〉

デューデリジェンスの結果をもとに、M&Aの最終条件や細目を決定する本契約の契約書の作成段階に入ります。本契約に向けて決めていくのは、次のような項目になります。デューデリジェンスで問題となった事項があれば、契約条件に反映させることも検討しなければなりません。

・M&A売却価格
・退職金の処理
・役員の処遇
・従業員の処遇
・M&A取引金額の支払い方法
・連帯保証や担保提供の引受・解除の方法
・保証債務の処理

・その他事項の決定

これらの項目と合わせて、M&Aのクロージングに向けて、スケジュール調整、株券の準備、契約書の製本、登記、売却後の引き継ぎ計画など、さまざまな実務をM&A仲介業者や各専門家からサポートを受けながら進めていきます。

〈クロージング〉

M&Aにおけるクロージングとは、株式の譲渡または事業の譲渡の手続きおよびこれに伴う譲渡代金の決済手続きをいいます。

M&Aでは多くのケースで本契約書の締結日以降にクロージング手続きが行われます。

M&Aの本契約書にはさまざまな前提条件が規定されており、原則として最終契約締結日からクロージング日までの期間において、前提条件を満たすためにさまざまな実務を行い、前提条件が満たされたことを確認した上で、クロージング実務に移行します。

クロージングが終了すると、ようやくM&Aも終了となります。終了と同時に会社の重要書類や金融機関の書類（印鑑含めて）を買い手企業に引継ぎをするのが一般的になります。

これまでの契約書関係は売り手、買い手の双方で保管をしていきます。また、クロージング後は登記簿謄本などの切り替えから始まり各所の手続きも早急に行いましょう。また、金融機関等の引き継ぎについては、両社が同席しなければならないので日程調整は当日行いましょう。

4-2 事業承継における最適な準備期間とは

理想の準備期間は3年

これまでのお話を通して、事業承継をすることの意義や重大さはよくおわかりいただけたかと思います。すでにお伝えした通り、事業承継が成功する確率は全体の1割程度といわれているように、誰もがうまくいくわけではありません。仮にうまくいったとしても、納得できる事業承継ができるかどうかは別の話です。

成功するか否かの要因はさまざまありますが、私はその一つに十分な準備ができているかがあると思います。本書でいう事業承継の準備とは、これまで触れてきたように、会社の価値を高く評価してもらうための取り組みだったり、M&A

の条件や会社売却への心構えなどです。特に、条件や心構えに関しては、1章の棚卸しをしっかり行っていただくことで自然と定まっていきます。

M&Aの準備期間は、一般的に約1年といわれていますが、それだと会社の価値向上に関する取り組みは難しく、M&Aだけの準備しかできないでしょう。会社の価値向上等の取り組みなどを行っていく場合は、最低でも準備期間は3年程度必要になると思います。

私は数ヶ月でM&Aを実行したとお伝えしましたが、偶然にも以前から会社の価値向上のための取り組みを実施していました。例えば支店の開設や設備投資や工場の建設、社内の大規模な清掃、社員教育など、さまざまな取り組みを少しずつ行ってきました。

そう考えると、もしかしたら準備期間が3年あっても足りないかもしれません。大切なのは期間の長さではありませんが、重大な決断が控えているわけですから、やり残したり後悔したりすることのないように準備をしておきたいものです。

4-3
さらに深めたい人は事業承継計画を作成してみよう

事業承継計画を作成した方がいいわけ

事業承継計画を作ると、「なぜ、いつ、誰に、何を、どのように承継するのか」が可視化されるため、自社のM&Aの全容を把握しやすくなります。計画を策定する上では、自社の強みや経営状況を言語化していくので、事業の将来性や財務状況などを再確認することもできます。

また、事業承継までに時間がある場合は、準備の途中で何がどの程度進んでいるのかを見失ってしまうことも想定されます。準備期間が長くなれば長くなるほど曖昧になってしまう恐れがありますから、進捗状況を確認できるというメリットもあります。

第三者へアドバイスをもらう際も、事業承継計画のようなものがあれば、自分の考えを相手に理解してもらいやすくなるだけでなく、それによって的確なアドバイスがもらえるようになります。事業承継計画は、会社の創業時に作成した事業計画のようなものだと考えるとイメージしやすいと思います。

事業承継計画には何を書けばいいのか？

事業承継計画には、次の項目を書いていきましょう。

・基本方針

基本方針は、事業承継計画の基本となる方針を示したものです。事業承継を進めていくにあたっては、会社を取り巻く状況を整理した上で、10年後の会社の存続・発展を見据え、「いつ、どのように、誰に、何を、承継するのか」という具体的な計画を策定する必要があります。基本方針は、2章で棚卸しした内容をもとに作成すると進めやすいと思います。

・事業計画

事業承継計画は、中長期の経営計画に、事業承継の時期や課題項目、具体的な対策を示した計画のことをいいます。事業承継を検討するにあたって、企業が置かれている立場や状況、あるいはステークホルダーとの関係性を加味しながら事業計画を策定していきます。

・会社に関すること

会社に関することについては、取引先に関する情報、経営理念、自社の強み、人材の世代交代などを記載していきます。

・現在の代表者に関すること

現在の代表者に関することについては、自分自身の情報を記載します。

・後継者に関すること

後継者がいる場合は、後継者に関する情報を記載していきます。

事業承継計画の作り方に決まりはありませんので、本書に記載するようなフォーマットを使い、必要事項を記入していくだけで構いません。事業承継計画の作り方に関しては、中小企業庁の「事業承継ガイドライン」も参考になります。

ガイドラインには、事業承継の重要性や準備の進め方、事業承継のサポート機関、自己診断チェックシートなども記載されていますので、さらに詳しく知りたい人は、一読することをおすすめします。

後継者教育	実施時期（年月日）

新幹部教育	実施時期（年月日）

備考	実施時期（年月日）

■事業承継をするための必要資金

資金使途	資金調達方法	支払時期

図4-2 事業承継計画書

現経営者名	
後継者（現経営者との関係）	
承継時期	

■事業承継をするための具体的な行動

承継に向けた方向性	実施時期（年月日）

株式・財産	実施時期（年月日）

4-4 事業承継のアクションプランを活用する

事業承継のその日までのアクションプランを立てておく

事業承継計画ができたら、計画を実行するためにアクションプラン（行動計画）を作成していきます。アクションプランは、事業承継に必要な項目について時期やタスクを記載していきます。

次の項目からは、実際にどのような準備をしておけばいいのか、それぞれの状況別に分けて整理しておきます。該当する状況の項目に記載されていることを参考にしながら、必要な準備を適宜行っていきましょう。

今すぐM&Aがしたい人の場合

今すぐM&Aを考える場合は、会社の価値向上のための準備を行う時間は正直なところありません。

今現在の会社の状態で、いかに価値を高められるかを考えていく必要があります。考えるべき内容は、次のマトリクスにあるような事柄です。

将来的にM&Aを考えている場合

将来的にM&Aを考える場合は、会社の価値向上のための取り組みを行いながら、M&Aに向けて準備をしていきましょう。ただし、実際のM&Aの時期をいつにするかによって準備期間が異なります。残された時間と、その時間を使ってできそうな取り組みを選定していきましょう。

2029年	2030年	2031年	2032年	2033年	2034年	2035年
5年目	6年目	7年目	8年目	9年目	10年目	11年目
50	100	150	200	250	300	350
20	30	55	80	100	120	150
68歳	69歳	70歳	71歳	72歳	73歳	74歳
					→	取締役 会長
	家族会議		家族会議		家族会議	
75	70	65	60	55	50	45
41歳	42歳	43歳	44歳	45歳	46歳	47歳
	取締役					代表取締役 社長
25	30	35	40	45	50	55
採用活動						

図4-3 事業承継のアクションプラン（記入例）

売上目標と事業継承計画

社　名	株式会社[redacted]社
後継者（親族内・親族外）	山○　太郎丸
基本方針	2035年に代表を太郎丸へする

年	2024年	2025年	2026年	2027年	2028年
年　目	現在	1年目	2年目	3年目	4年目
会社売上（単位：億）	10	12	15	20	25
粗利益（単位：億）	3	6	7	9	12
会社（定款・株式・その他）					
現　経営者　年齢	63歳	64歳	65歳	66歳	67歳
役　職	代表取締役社長				
関係者の理解	家族会議		家族会議		家族会議
後継者教育	後継者の心得	決算書の見方	社員教育の心得	営業戦略の考え方	
個人財産の分配					
持ち株（%）	100	95	90	85	80
後継者　年齢	36歳	37歳	38歳	39歳	40歳
教育計画			入社		
持ち株（%）	毎年5%贈与	5	10	15	20
後継者　教育　社内	青年会				
後継者　教育　社外		ボランティア			社会貢献活動
後継者ブレーン教育	A氏		B氏		

世代交代で事業を承継する場合

身内に後継者がいる場合は、何よりも本人の意志確認が大切になってきます。いきなり後継者になる話をされても戸惑ってしまいますので、少しずつ現場に連れて行くなどして、会社の様子を見せたり、2人で食事に行って本音を話すなど、時間をかけて対話を重ねていきます。

また、身内へ事業を承継する場合は、相続税が関係することがあるため、税に関する対策も必要になります。ちなみに相続税に関しては、国税庁のホームページ「法人版事業承継税制」も参考にしていきましょう。

事業承継計画は、定期的に見直そう

作成した事業承継計画は、最低でも年に一度は見直すようにしてください。取り組みを行う内容によっては、計画通りに進まないものもあるかもしれませんが、その際は適宜計画を変更しながら、進めていくようにします。

図 4-4 今すぐの人がやること・考えること

棚卸し 本書の〇章を確認しながら、 どんどんメモをしていきましょう。 気がついたらメモできるよう、 肌身離さずそばに置いておきましょう。	**予定表** 今月、来月のカレンダーを 用意しましょう。 何も書いていないものを準備しましょう。 このカレンダーには、 M&A の実施に向けてのことだけを 記入していきます。	**知識** M&A の知識を入れていきましょう。 最低限、本書を持っていれば大丈夫です。 また、不明な点、 もう少し知りたいところを メモしていきましょう。
整理・整頓 誰が見てもわかるように 身の回りのものや書類などを 整理整頓しましょう。	**相談** これまでの棚卸しや予定表や書籍や メモ用のノートを手元に用意して いよいよ相談する相手を決めていきます。 まずは、第三者機関から 進めていきましょう。	**情報** すぐにわかるようにしておきましょう。 電子化、ファイリング化、 見える化をしていきましょう。 相談相手に問われた時に「すぐにわかる」 ようにしておきましょう。
会社の歴史 いつ、どのような取り組みを してきたのかも大切な情報になります。 決算書（年計グラフ）などと一緒に 振り返りができると さらにわかりやすいです。	**時間の確保** 日常の仕事で忙殺されないよう M&A について考える時間を意識的に 確保しましょう。 意識しなければ、時間が取れません。	**実行メモ** 時間ができた時にすぐに行 動に移せるよう、M&A に関 する to do リストなどをメモ として常に持っておきます。

図 4-5 将来的に M&A を検討する人がやること・考えること

棚卸し 数ヶ月に 1 回振り返りましょう。 また、考えが変わった時や 価値観が変わった時にやると なお効果的です。	**第三者機関への相談** 今の気持ちや考えを 第三者機関へ話をしていきましょう。 また、新たに課題や問題点も短期的、 中期的にどのように実践するかも あわせて考えていきましょう。	**税金対策** M&A 成立後の税金について 調べてみましょう。 事前に対策することで 調整できることもあります。
年表作り 自社の歴史と一緒に未来年表を どんどん書いていきましょう。	**社長の仕事の棚卸し** 社長の仕事として何をしているかを まとめておきましょう。 成功や失敗の経緯などだけでなく、 ノウハウや技術も記録してください。	**会社の価値作り** お客様の声などを参考に、 自社の価値を高めていきましょう。 どんなことが価値になるのかを 考えてみるのもおすすめです。
自社分析 3C 分析、財務分析、お客様の声から 分析をしていきましょう。 また、分析した結果、 強みと弱みはどうでしたか。 更に伸ばしていきたい分野は どうでしょうか。	**さらなる発展計画** 売却、買収の両方の視点で 考えていきましょう。 更に自社が目指すべきところは どこでしょうか。 中長期的な計画は何がありますか。	**セカンドキャリア** 会社から離れたあとのことを考 えてみましょう。 ある程度固まったら、交流のあ る人に自分の考えをきいてもら うこともおすすめです。

図4-6 将来的にM&Aを検討する人がやること・考えること

棚卸し 2章で行った棚卸しをもとに実際に棚卸しをしてみましょう。ワークシートはまとめてダウンロードできます。	**引き継ぎポイント** 人、モノ、金どの項目を残せるかを書いていきましょう。それぞれの項目で次世代に引き継ぐもの自分自身で今後活かせるものも見えてきます。	**継承者設定** 継承者を誰にするのか、また継承者を設定した後に誰を側近として設定するのかもあらかじめ書いていきましょう。
環境整備 継承者が働きやすい環境を作っていきましょう。また、自分自身の身辺整理もしていきましょう。近い範囲から徐々に手をつけていきましょう。	**ノウハウの洗い出し** 後継者がわかりやすいよう、経営者としてのノウハウを記録しておきましょう。資料の整理なども行ってください。	**経営者育成** 経営者になるために、自分自身が実践されてきたことを振り返ります。何の分野の知識が必要か、また専門分野として何をしていくのかも書いていきます。
年表作り 年表と合わせて会社の歴史を振り返っていきましょう。完成したら後継者と一緒に振り返るのもいい時間になります。	**数字の振り返り** 決算書の数字を振り返っていきます。また、財務諸表の数字に自分自身の理想や今後の数字を入れていきましょう。	**コミュニケーション** 意識的にコミュニケーションの時間を確保してください。一緒に食事する時間を取ると本音で話しやすくなります。

年	年	年	年	年	年	年
5年目	6年目	7年目	8年目	9年目	10年目	11年目
歳	歳	歳	歳	歳	歳	歳
歳	歳	歳	歳	歳	歳	歳

図 4-7 事業承継のアクションプランワークシート

売上目標と事業継承計画

社　名	
後継者（親族内・親族外）	
基本方針	

年	年	年	年	年	年
年　目	現在	1年目	2年目	3年目	4年目
会社売上（単位：　）					
粗利益（単位：　）					
会社（定款・株式・その他）					
現　経営者　年齢	歳	歳	歳	歳	歳
役　職					
関係者の理解					
後継者教育					
個人財産の分配					
持ち株（%）					
後継者　年齢	歳	歳	歳	歳	歳
教育計画					
持ち株（%）					
後継者　教育　社内					
後継者　教育　社外					
後継者ブレーン教育					

4-5 事業承継に関する制度を知ろう

事業承継計画を進める上では、国が用意するさまざまな制度もありますので情報をチェックしておくようにしましょう。例えば、事業承継税制や、経営者保証に関する制度です。

事業承継税制について

事業承継時の非上場株式に係る贈与税・相続税の金銭的な負担がゼロとなる制度のことです。詳細は国税庁ホームページにある事業承継税制特集から確認できます。

経営者保証について

中小企業が金融機関から融資を受ける際は、経営者個人が会社の連帯保証人（保証債務を負うこと）となります。企業が倒産して融資の返済ができなくなった場合に、経営者個人が企業に代わって返済することを求められる（保証債務の履行を求められる）ことを経営者保証といいます。事業承継を行う場合は、この経営者保証を不要とする信用保証制度があります。

5章

事業承継実行のリアル

5-1 事業承継を考えたきっかけ

父から承継した会社を守り続けていくつもりだった

ここまでM&Aの準備から実行までの流れや、棚卸しの大切さについてお話ししてきました。この章では実際のM&Aがどのように行われるのか、私の実体験をもとにリアルな事業承継実行までの話を時系列順にお話しします。

私は父が創業した梱包会社・資材販売（創業時は、紙器製造、紙器企画販売）の会社を承継しました。私には兄がいてもともとは兄が承継する予定でしたが、兄が事業拡大とともに独立（別法人）を設立したおかげで次男である私に承継のチャンスが回ってきました。

私は、大学卒業後に就職した鉄鋼の商社で営業を担当していました。私はサラリーマンでしたが、たまに父や兄と休日が一緒になると、2人から経営の話をよく聞いていました。兄からは、経営の話や出展するイベントや展示会の話、時にはこの先の会社の将来についての話。父からは、営業のイロハや、会社のこと、経営の話、仕事のやりがいや楽しさなどをたくさん聞いてきました。サラリーマンの世界とは全く違う経営の世界を聞くたびに、父や兄がいる世界をとても眩しく、羨ましく思っていました。

いつしか私は、2人の背中を見ながら、心の中では「いつかは自分も経営者になる！」と思うようになっていました。そこからは、どうしたら経営者になれるのか。どうしたら社長になれるのかを模索しながら夢に向かう日々でした。

とはいえ、いきなり経営者になろうとしてもどうしていいかわかりません。そこでまずは、今自分の目の前の仕事を夢中で行い、今の仕事で結果を出そうと考えました。

まず私は、足らない知識を補うように、猛烈に勉強を始めました。平日は通勤時間を、週末はファミレスで明け方まで、可能な限り使える時間はすべて勉強に費やしました。少しでも会社に貢献したい。少しでも出世したい。少しでも仕事ができるようになりたい。と当時は意気込んでいました。

それに加え、自分の力で仕事を獲得する経験をしようと、パソコンの家庭教師の副業も行っていました。

次男にもやってきたチャンス！

いずれは経営者になることを胸に秘め、とにかくガムシャラに仕事に没頭するようになり数年経った頃、ようやく私にチャンスが到来しました。

父の会社は、兄が入社してから更に活発になり名古屋から東京そして全国へと展開できるようになっていました。そこで兄が独立することとなり、次男の私にも出番が回ってきました。父と一緒に仕事ができることや尊敬する兄と一緒にプロジェクトができることがとても嬉しく、会社の後継者として意気込んでいました。

しかし、急に20人くらいの部下を持ったことで自分自身は勝手に偉くなったと勘違いし、指示・命令ばかりを行っていました。その結果、気がつけばスタッフたちから猛反対され、次々と人が去ってしまいました。スタッフだけでなく、重要な幹部までも辞めさせてしまう事態にもなり、悲惨な状況になってしまいました。また、最重要取引先でもある兄の会社に対しても、私は横柄な態度をとっていました。兄の会社のスタッフと喧嘩をしたり、重大なクレームを出しても謝らなかったりと（謝ったとしても開き直った態度でした……）、経営者の後継者というよりは、勘違いのバカ息子そのものでした。

自分の元から重要な人たちが次々と去ってしまう事態になり、ようやく自分自身が間違っていたことに気付きました。恥ずかしいことですが、人が去った後に人の大切さがわかり、お客様をなくしてしまってはじめてお客様の大切さに気付くことができました。新たに仕事を開拓していくことの難しさや、信用されるまでの時間が相当かかることも身をもって理解できました。

そのような大失敗を経て以来、少しずつですが行動を変えていき、経営者として何度も行動と失敗を繰り返しながら、私はようやく代表となりました。

自己流を捨てて、経営者になる

承継したばかりの初心者マークの経営者の私がまずしたことは、会長（父）のやってきたことをそのまま真似ることでした。帳面も当分の間は、手書きで会計事務所に提出していました。なぜ、パソコンを使わないのだろうとは思いましたが、同じやり方・同じ方法で同じ成績を出すことが第一と考えていました。

ただ、先代と全く同じやり方はいつまでも通用しません。時代が変わり、お客様の求めることも変わってきました。私は、「このままではまずい」と思い、たくさんの人と会うようにしたり、多くの研修を受けたりしながら日々勉強と実践の繰り返しをしていました。

なかでも、ある経営者の勉強会では、今までの考えが覆されるほど衝撃的な学びを得られました。経営の原理原則を学び、学んだことを実践する日々。特に私が苦手なことは営業でした。小さなプライドがあり、お客様に断られることが大きなストレスでした。しかし勉強会で、社長の営業について学び直したことで、苦手な営業も克服。私の苦手意識はどんどん取り払われていきました。

私自身の考えが少しずつ変化すると、社内の雰囲気やスタッフの表情も変わっていきました。会社というものは不思議なもので、自身の意識が変わり社長が変わると、スタッフも変わります。スタッフが変わると業績も変わり、会社も変わっていきました。私が会社を承継した当時からは想像もできないほど、とても雰囲気のいい会社となりました。すべては、スタッフの一人一人の頑張りであったと思います。スタッフと一緒に仕事をしていることに幸せを感じることが増えていきました。

成長期の突然の知らせ

毎日猛烈に楽しい仕事をしていると、お客様や勉強会の仲間とのお付き合いも増えていき、いつしか私は、昼間は営業、夜も仕事と言いながら夜の街でどんちゃん騒ぎをしていました。明け方まで飲んで、朝になったら事務所近くの銭湯へ行き、一番に会社に行って仕事をするという繰り返しでしたが、当時は若くて体力がありましたので全く問題がありませんでした。

そんな生活を続けていたある日の夕方、「今日は疲れがやけに溜まっているなあ」と思いながら床につきました。すると深夜、突然腹部に激痛が走り、あまりの痛さに耐えきれず、妻に頼んで近所の診療所に連れて行ってもらいました。診療所からは、総合病院へ行くようにと言われ、朝になるのを待って総合病院に行きました。

「どうせ軽い食中毒かなにかだろう。薬をもらったら帰って仕事をしよう」と思っていたら、医師から「即入院してください。今日は帰ってはいけません、異常値が出ています」と言われました。「仕事があるから帰らせてください」と言ってても、「危険な状態ですから」と言うばかりで、許可してもらえませんでした。突然、わけもわからず緊急入院をすることになった私に告げられた病名は、2つの難病とガンでした。

突然の告知に相当なショックを受け、夜も眠れない日が続きました。難病とガンと戦う日々が続いていたのですが、結局私はなんだかんだと数値を見ながら仕事をし、「病は気から」といって、また元の生活に戻っていきました。定期検査では、数値は悪いままで改善の余地が見られないものの、仕事をしていると難病のことを忘れることができましたし、スタッフと仕事をしていると楽しくて仕方がありませんでした。お客様に喜んでいただくことでも、日々の幸せを感じていました。

病の足跡……

日々仕事で病気のことを忘れることができましたが、出先で脳と体のバランスが崩れたことも多々ありました。仕事中にはテンションマックスでいるのに、もう一人の心の中の自分が「この先、進むな！」「もう今日は帰れ！」「これ以上は頭ではGOでも体はNOだぞ！」と何度も私に呼びかけるようになりました。

嫌な予感がして病院へいくと、やはり数値は悪化していました。

それまでの私の仕事の哲学は、「自分自身の仕事は、死ぬまで一生続けていく！　仕事中に命を落としてもいい！　仕事場で死ねたらかっこいい！　最高の人生だ！」と考えていましたが、休日の事務所で自分自身を棚卸ししてみると、もし自分自身が死んでしまったらお客様や金融機関様やスタッフにもそして残された家族にも迷惑がかかると思うようになりました。

5-2
準備と計画

一体どうやってやるの？

自分の体の状況等を踏まえ、私は改めてじっくりと会社や自分のことについて考える時間を設けることにしました。それが、本書の2章で触れた棚卸しです。さまざまな思いが湧き起こりましたが、改めて会社の成長やスタッフのことを第一に考えている自分がいることに気がつきました。スタッフは私の宝で自慢できる宝でした。自分自身の宝というと少々傲慢にはなりますが、優秀な素晴らしいスタッフがいて会社が存続でき、スタッフの対応が素晴らしいのでお客様に褒めていただくことも多々ありました。どこまでいってもスタッフへの愛情はつきることがありません。

そんな素晴らしいスタッフに今後も活躍してもらうことを考えたり、会社の成長性を考えると、更に仕事のパートナーとして強固になる取引先が必要であり、強固になるためには業務提携をしないといけないことがわかりました。業務提携は書類で取り交わすのも1つですが、それだと弱く、更に強いのは資本提携をすることだとわかりました。そこである程度の調べをしていくうちに、業務提携や資本提携を考えていき会社の安定性を図ろうと考えるようになりました。

考えていく間に1通の「問い合わせ」が……

その日は商談のために事務所にいました。

1件の電話をとってみると「御社と一緒に仕事がしたい。という会社がいらっしゃいまして……」と話をいただき「梱包の依頼かな?」と思ったら、「業務提携や事業提携をしたい!」とその担当者は話をし「詳細は後日」ということで電話を切りました。

「また、なんかの勧誘かな」と思いましたが話をしていくうちに本当に弊社に興味を持ってくれる会社があるんだ！　とそう思うようになりました。

担当者と後日時間をとることとなり話をしてみたものの、あまりピンとくる話ではありませんでした。業務提携や事業提携といってもまだ、守秘義務などを結ぶ前だからか、担当者のいうことも黒塗りのことが多く、何の話をしているのかと思う程でした。

その後、情報を開示してもらうために初歩の契約を結びながら情報を徐々に開示してもらいました。情報を開示してもらってもまだ、フィルターがかかっていて何度か繰り返し約束をしないと情報がわからないようになっているのもその会社の特徴でした。

資本提携、株売却

その後、担当者からしばらく話は無かったものの私は書店に向かい、業務契約や、事業承継やM&Aの書籍を一通り買いあさり読み込むことにしました。読み込んでいくうちに、会社の譲渡や株の配分の話や会社の持ち分について詳しく勉強することができました。中でも事業承継やM&Aを調べていくと（そんな方法もあるんだ）と一連の流れや方法についても確認することができました。

当時は、株を売却することは考えていなかったものの自社の株についても調べていくことにしました。今回の自社の目標は成長性を更に加速させることで自社株の話になったら「売らない」ことを自分自身で決めていました。

迫り来る病魔

難病のことや、ガンのことは、会社関係者には誰一人言うこともなく、また誰一人と察知することができないほど、私は元気を装っていました。

定期的に行われていた病院での検診では、（頼むから数値よ回復してくれ！）と思うものの数値は正常値を超えていて医者からは「少し生活を変えてみては」と言われることも多々ありました。うっすらと（少し考えないとなぁ）を繰り返していくうちに自分自身を騙すことができなくなってきました。そう体と頭のバランスが崩れていきました。体は「大丈夫だよ、元気そのものだ」といっているのに脳では「少し待て、少し考え直せ」といった状態になっていました。このまま走り続けるか、一度考えてみるかの繰り返しでした。

しばしば、妻や父母・兄弟からは「体の調子どう？」と声をかけてもらうものの「うん、少し数値が高めだけど、大丈夫だよ」と繰り返していました。人は体にブレーキがかかると明らかに行動がおかしくなるものです。そう、この頃になると営業先や出張先で違和感を感じることが多くなってきました。移動しているときに「少し待て、体を考えろ！」と自分自身の声が大きくなってきました。その声は私は鬱陶しくて何度も「黙れ！」と言い聞かせましたが、体がいうことをきかなくなりました。そう、行動に制限をかけないといけないまでになっていました。肝臓の数値が悪いと顔色が黄色くなり、妙に倦怠感や疲れを感じやすくなってきました。（気のせい……）と思っていてもなぜか足は営業先ではなく病院へ向かっていました。

成功哲学、かっこいい経営者のイメージを書き換える

頑張れば成功できる、成績がついてくる、会社が成長する！　と思い込んでいてそれを信じた結果少しずつ最高の会社にできたことを誇らしく思っていました。そう、経営者には一人一人成功哲学や、過去の成功体験があり、どんな苦労

をしてもどんな悔しい思いをしても必ず立ち直れるし、前に向くこともできる。私もその一人でした。

しかし、病気の進行とともに、どうしてもしなければならないことがありました。

それは、そう過去の成功体験の快感や、自分自身の経営者の哲学でした。経営者の哲学、目指すべく経営者は父の姿をいつも想像していました。会社をこれまで成長させてくれた先代にいつも憧れの思いを持っていました。いつしか父のようになりたい、いつしか父のように尊敬される人物になりたい、絶対そうなる！とそう思っていました。

猛烈に仕事をする父は誰よりもかっこいい自慢の父であり社長でした。私は、そんな父（先輩社長）のようになりたくて日々汗をかいて仕事をしていました。そんな日々でできたのは「会社を守るために命を削る」「会社の成長を人生の喜びにしよう」「もし、自分の体に何かあっても仕事をしている最中にあの世にいければ最高だ」「自分の命の全部を仕事に使おう」とそう考えていました。

体に違和感があって何度も自分の成功哲学や過去の成功体験で得た教訓を言い聞かせましたが、仕事に遅れをとっていた私は、休日に仕事を済ませて、自分自身を少し振り返ってみよう、そして会社についても振り返ってみようと思い棚卸しをしました。

そこに書いたのは、自分自身の過去の失敗や、成功したこと、スタッフとわかち合えた嬉しかったことでした。自分自身、家庭を持ちながらも、会社を経営しているので仕事さえしていればそれでいいと考えていましたが、一人の人間として棚卸しをした時に、現状のライフサイクルを振り返り24時間の時間の使い方を振り返り、その後がとてもきつかったです。

そう会社の自分は24時間365日を振り返ることができても、家庭を持った者として振り返ると何もしていないことに気付きました。ここまで、反省しながら棚卸しをしていって今後の人生を考えた場合、もし病気の進行が進んだ場合、もし自分に何かあった場合（動けなくなった場合、長期病院送りになった場合）を考えて【迷惑をかけること】の欄になったときに、スタッフ、取引先様、金融期間様、お客様、そして家族と書き終えたことでようやく自分自身の哲学、自分よがりの快感のために経営していてはいけないことがようやくわかりました。こうして、【自分の哲学を重視する∧会社の今後を重視することを考える】ことに気付くことができました。それ以降、改めて会社の成長と自分自身の体と向き合うことができました。

苦しいけど話をしないといけない

自分自身のことを話すときに、他人だとある程度は話をすることも容易ですが、そう身内だとなかなか話ができないのが現状です。私は会社の今後を考えた時に、相談したのは兄と父になります。何度も「今日は頑張って伝えよう」と思っても電話ができないことも何度もありました。どこかで小さいプライドと罪悪感が邪魔をしていました。どこかで素直な自分を出すことを躊躇していました。

現状を伝えるのはとても大変でしたが、兄に電話したときは黙って「うん、うん」と聞いてくれたのを覚えています。いろいろ言われるかと思ったら、思いがけず「一番は、体かな」と言われた時は、涙が止まりませんでした。父にも正直に話すときには勇気がいりました。父からの創業で受け継いだ会社で会社の重要な方針を話さないといけない時だとなおさら言葉を濁したくなりますが、現状を話しました。自分の力のなさや、自分の不甲斐なさ、自虐的な思いでいっぱいでした（経営者失格だな、親不孝者だな、ダメだな俺って……の繰り返しでした）。

正直に話をしてからすぐに兄は会社に駆けつけてくれたり、応援してくれる人を紹介してくれたり、父は昼夜問わず今後のことを考えてくれて、朝の4時に「少し考えがまとまった、話をしよう」と毎日のように時間を作ってくれました。

専門業者に頼る

資本提携を考えていくなかで、少しずつ株の譲渡についても考えることになりました。

私は専門業者（M&Aの仲介）に話を聞くことにしました。当時は、書籍でM&Aや事業承継について勉強していたので、担当者の話も理解できました。この会社同士の提携の話は、10%以下でありなかなか決まらないことや成約しないのも知っていたので遠慮なく話ができました。担当者は対応や言葉遣いについては、大手ということもありきちんと教育された印象がありました。親身になってくれるのもとても好印象でしたがそこには担当者の目標についても頷けるものでした。大手仲介会社では、急激に成長する必要があり、また担当者は成績を上げるのに必死になっています。この商談成功率10％の可能性を何とか無駄にしない！という気持ちはひしひしとして伝わってきました。

契約を交わしてトップ面談へ

こうして担当者と話をしていくうち、詳細を聞くためには更に契約を結ぶ必要がありました。契約書の条件は一般的に守秘義務から始まり、各項の条件には厳しい制約がありました。契約を交わすと外部にも話ができないのも実情ですが、身内にも話しにくい条件も提示されていきます。この時に一瞬時を巻き戻しできるのであれば、実際に経験した人の話が聞けたらよかったなぁ、と思いました。当時は探してもいませんでした。当然自社の株の話や会社の進むべき道については他人には話はできませんでした。契約の内容では、仲介の手数料も記載してありその金額は、（えっ、そんなにするの！）と思う金額でした。M&A業界の営業マンが高収入であることが頷ける金額でした。この仲介手数料については、各社でいつ、どのタイミングで支払いをするかが明記されていますので都度確認する必要がありました。

トップ面談

契約書を取り交わすと、興味のある会社が何社か声をかけてきます。

また、トップシークレットの案件になるので最少人数で買い手と売り手と仲介担当者が同席します。このトップ面談（会社によってはトップインタビューともいいます）では、業界の先行きや、今後の展望について話をする時間があります。両社顔合わせでは、このようなとてつもない広い話をするので、聞かれる方も話す方も的外れな場合も多くあります。具体性の話は、このトップ面談では行わず、諸条件や質疑ということで後日に問い合わせをいくつかいただくことが多いです。トップ面談をすると、普段使わない全身の神経を使うのでとても疲れを感じたのを覚えています。人は、良く見せよう！　と思うと、疲れるものですね

（会社の将来がかかることを考えるとどの社長もそうなると思います）。

トップ面談の中でよく話に出るのは、
・今後の会社の将来（成長性）をどのように考えているのか（予測しているのか）
・経営理念、経営方針
・M&Aを検討している理由
・M&Aをした場合どのような買い手のメリットがあるか（シナジー効果、相乗効果があるか）

売り手側は質問に答えることが多いですが、買い手にも同様の質問をすると双方のズレの確認ができます。買い手については、いくつもの会社を見ている可能性もあり相乗効果（シナジー効果）など自分自身の想像の先を考えている経営者もいますので、いろいろと勉強になると思います。

自慢の会社

話が進んでくると、会社案内や概要に話が移ります。

実際に工場を見学する会社もあったり、「休日に見せてほしい」という買い手もあります。会社の売却を考えた時に、この「会社は自慢の会社だ」「自慢のスタッフがいる」と、とても心強かったのを覚えています。会社をよくしようと思い、社員研修で毎年勉強会を開催したり、日々の改善の積み重ねでみんなでよくしてきた会社です。お客様にも褒められることも多く「ありがとう」の手紙等をいただくいい会社でした。

今、こうして書籍を書いている時も「あぁ、○○さんは、あの部門でよく頑張ってくれたな」「そろそろA社様の案件が始まる季節だな」と思うほどです。少し未練がましいところはありますが、経営者と一緒に頑張ってきたスタッフへはそれくらい愛情を持つものです。そんな思いで交渉に挑むのでとても相手を見ています。もっと言えば言葉の単語の一字一句も注意しながら、この経営者（買い手）は何を考えているのかをとても注意深く見ているのが売り手の目線になります。

何社か話していく中でも、交渉が決裂する、もしくは話が無くなることも多々あります。

それは双方の思いや条件が違うことにありますので仕方ありません。また、要望もきちんとお伝えしているので決まらないことや成約率が低いのも想定の範囲内になります。

経営者の心情としては、最後まで妥協ができない、甘くしたくない！　と思うのが当然です。なにせ、たくさんの方々の思いが会社にはあります。多くの人のお力添えがあって今の会社があります。会社の歴史を振り返ると、何千、何万人の方々のご協力をいただいてきました。だからこそ余計に力が入ります。

納得できる条件

条件の提示で一番気になるのは評価額です。

この評価額でも買い手、売り手での気持ちは全く異なります。売り手は、「高く買ってほしい」し、買い手は、「安く手にいれたい」と思うものである。これは、どこまでいっても双方平行線になることは予想できます。いくら言っても買い手が納得しないと商談はまとまらないものです。この売却については、いろんな見方や格言もあるほどです。「会社はできるだけ安く買え」という人もいれば「会社はできるだけ高く買いなさい」という人もいます。要はその状況や緊急度や競争率によって違ってきます。この価格は、合わなければ、再度交渉できる場合もあるし、次は無い場合もあるので慎重に交渉をすることをおすすめします。資産状況や数字による算出も大切になりますが、これまでの会社の経緯や心情も合わせて評価をしていけるとなお交渉もスムーズになります。

他にも、従業員の雇用維持、商号や、屋号、経営者が今後どのように売却後に会社に関わっていくかも本人の希望や条件に入ってきます。前述のように自分自身の棚卸しをしておくとなおスムーズに条件出しができます。価値観についても一緒に考えていきましょう。

こうして交渉がまとまっていく条件は上記のように諸条件の希望や要望のやり取りがありますが、やはり会社の存続、会社の成長ができるかどうかはいつも考えることになります。この人（売却先）に任せてもいいのか、それとも自分自身とは異なる考え方か、自分が会社から離れた時にスタッフは困らないかなどを考えるものです。また、成長性やシナジー（相乗）効果を一番出せる候補先を選んでいきます。

家族との話し合いに

さて、話は少し前後しますが、事業売却についても家族との話し合いについては、重要なところになります。いつも支えてくれている家族、応援してくれている家族への相談や決定については何度も繰り返す必要があります。私は、兄と父と話しすることが多かったですが、まず私の話をしっかり聞いてくれてそれから次のステップを一緒に考えてくれました。ここで、父兄が「こうする方が正しい」「こうすべきだ！」と言い始めるとやはり話はまとまらなくなってしまいます。事業売却にしても会社の成長戦略についても経営者が100人いれば、100通りの考えがあります。そして全部が正しい選択になりますし、決定して行動しないと正解というのはわかりません。どんな結果になっても最後は決定した決断した本人にかえってくる話になります。もし、家族での話がまとまらない場合は、現経営者が判断することが一番だと思います。誰の人生でもなく経営者の決めることになります。家族内で意見が違う場合は大抵が「自分が正しい」「そうするべきだ」とごり押しになっている場合があります。1つ冷静になって話を聞いてあげてください。

妻に話をしたときは、もうすでに父兄と何度も話をして方向性が見えた時になります。一通り経緯を話をすると妻は「わかりました」としっかり話を受け止めてくれたことを覚えています。普段の様子がおかしいことは妻にはわかっていたようです。また、電話するときも家を出るし、なんだか重要な話をしている……と思っていたようです。私は後になって言われて気付きましたが、この時不安や期待が入り交じるなか食欲が異常だったようです。気がついたら食べ物を口にしていました。冷蔵庫を開ける回数が異常になり、何か口にすることによって安心をかっていたのでしょう。また、日々の業務やプロジェクトの進みと会社の将来を考えていくうちに、疲労はピークになり、少し考える力が弱くなったり、気持ちが強く保てなかったりすることもありました。気持ちの波も押したり引いたりが激しくなります。

こうして最終へ

交渉を詰めていく中、ようやく見えてきた契約もいろんな思いがありました。株主が変われば会社も変わるし、もちろん自分自身も180度変わります。正直、腹では売却を理解していても契約書に押印するまで何かスッキリしないものです。最後の最後まで会社の将来を考える経営者であるならば、いろんな手法（道）を考えるものです。最後まで考え抜いての結論で印をつきます。押印するのは私一人ですが、私の後ろにはいろんな人の歴史があって今があることを忘れないようにしてほしいと買い主に対して思いながら、印をつきました。

6章

より後悔のない人生を送ろう

6-1

承継後の生き方はさまざま

承継したらどうする？ 引退したらどうする？ を真剣に考えていく

ここまで、M&Aについてさまざまな角度から考えていただけるように説明してきました。一般的にM&Aといえば、ビジネス戦略の一部として捉えるのが一般的かもしれませんが、経営者であれば、単純な利害だけで決断できない部分も多いと思います。本書では、そうした経営者独特の心情に寄り添い、少しでも事業承継やM&Aについて考えるきっかけになればという思いで書いてきました。最後にこの章では、事業承継やM&Aを終えたあとの人生について触れていきたいと思います。

M&Aを終えて長く勤めた会社から離れると、自分のことを「社長」と呼ぶ人はいなくなります。そのことに対しどこか寂しい気持ちを感じながらも、一方ではこれから待ち受ける新しい未来に可能性を感じ、ワクワクする気持ちも混ざります。承継を終えたあと、あなたはどんな人生を過ごしていきたいでしょうか？よりよい人生を歩むために、会社を承継した後の人生について少し考えてみましょう。

それぞれの人生

M&A後の人生は、これまでの経営に関するストレスや負担から解放され、自分の時間を自由に使う楽しみで毎日を充実の日々で過ごしている人もいます。健康やリラクゼーション、美術館や映画館への訪問、読書、スポーツ、旅行など、これまで時間を割けなかった趣味の時間を存分に満喫しています。

〈引退後に百名山へ登頂したAさん〉

ある不動産会社の社長だったAさんは、引退後に百名山に登頂することを決意しました。もともと学生時代に登山サークルに所属し、スポーツが趣味でジム通いをしていたそうですが、社長の立場ではまとまった休みが取れません。いつか承継したら百名山に登り、壮大な景色をカメラに収めたかったのだそうです。

体力のあるうちに夢を叶えようと、予定よりも早く事業承継を実行。百名山に挑戦し、その壮大な景色をカメラに収める夢を実現しました。登山のほかにも日本一周の旅をしたり、世界遺産めぐりなどをしたりしてパワフルなセカンドライフを過ごしておられます。

Aさんは今回を振り返って「健康なうちに事業承継をすれば、充実したセカンドライフの夢が叶えられます。高齢になって健康に不安を覚えてからの事業承継では、体力の必要な登山や旅行は難しかったかもしれませんね。引退後に登山や温泉旅行などをしたいと考えている経営者は多数おられると思います。十分な体力と資金を確保するためにも、念入りに棚卸しをして準備を進めて良かったです」とおっしゃっています。

〈地元へ帰郷し家庭菜園を楽しむBさん〉

「引退後は地元でのんびりと暮らしたい」と考える経営者も多いようです。多忙な仕事中心の生活から一転、夫婦二人のセカンドライフを楽しむために、自然豊かな田舎へ移住したいと考える人が増えています。その一例として、Bさんの例を紹介します。

Bさんは老舗の菓子の製造・販売業を営んでいました。ゆくゆくは子どもたちへ事業を承継するつもりでしたが、子どもたちは家業を継がず、それぞれ希望する業界へと就職。自分の代での廃業も検討していましたが、周囲の勧めで従業員への事業承継を選択することにしました。

従業員からは、会長として残ってくれるようにと頼まれましたが、Bさんはきっぱりと引退して会社からは身を引くことに。盆や正月にも帰省せず、仕事一筋で働いてきたため、残りの人生は仕事を忘れて故郷で過ごしたいと考えました。

妻と相談し、地元へ帰郷することにしたBさん。昔からの知り合いや同級生と再会し、慣れ親しんだ土地で家庭菜園や釣りを楽しむ日々を送っています。

ときには公民館でお菓子づくりの講習会を開き、地域の若い世代と交流したり、料理教室のお手伝いをしたりと有意義な時間を過ごしているそうです。

仕事一筋だった社長が引退すると、やりがいを失い無気力になる場合がありますが、Bさんは会いたい人に会い、やりたいことを実現して素敵な余暇を過ごしておられます。計画的に事業承継を行い、惜しまれながら引退したことで、前向きなセカンドライフを迎えることができたのでしょう。

〈異業種での新規事業に挑戦したCさん〉

次に、女性社長Cさんの例を紹介します。

Cさんは、父親から卸売業の会社を承継して20年。若い頃は父親の会社を引き継ぐのではなく、別の事業を立ち上げたいと希望していました。しかし父親からの強い希望もあり、女性社長として会社を運営していました。

ただ、承継時点ですでに多額の債務があり、経営は徐々に悪化。一人で抱えきれなくなったCさんは、ついにM&Aで事業売却を決意し、倒産することなく会社を手放すことができました。

事業売却で債務も解消でき、わずかながら売却益も手に入りました。その資金を元に、以前から興味のあった地域密着型の宅配弁当屋を立ち上げ、いきいきとした日々を送っています。

M&Aを成功させた後の人生は、新たな可能性に満ちあふれています。もし倒産するまで一人で抱え込んでいたら、手元に資金が残せず、新事業の夢も叶わなかったでしょう。早めの事業売却を選択すればCさんのように新事業へ挑戦し再出発することも夢ではありません。精根尽き果てる前に事業売却を行ったことで、Cさんは幸せな道を歩んでいます。

6-2 好きなことをより追求する人生を送ろう

引退＝ネガティブなイメージを持つ必要はない

事業承継や廃業後の人生について、ネガティブなイメージを持つ経営者は少なくありません。

「引退後は年金で細々と生活」
「趣味もなく、ただ漫然と過ごすだけの生活」

など、このような暗いイメージを持ってしまう原因は、引退後の生活資金の不安からきているのではないでしょうか。

次の資料は２０１９年中小企業白書による、経営者引退後の生活資金について

図 6-1 経営者引退後の直近1年間の生活資金

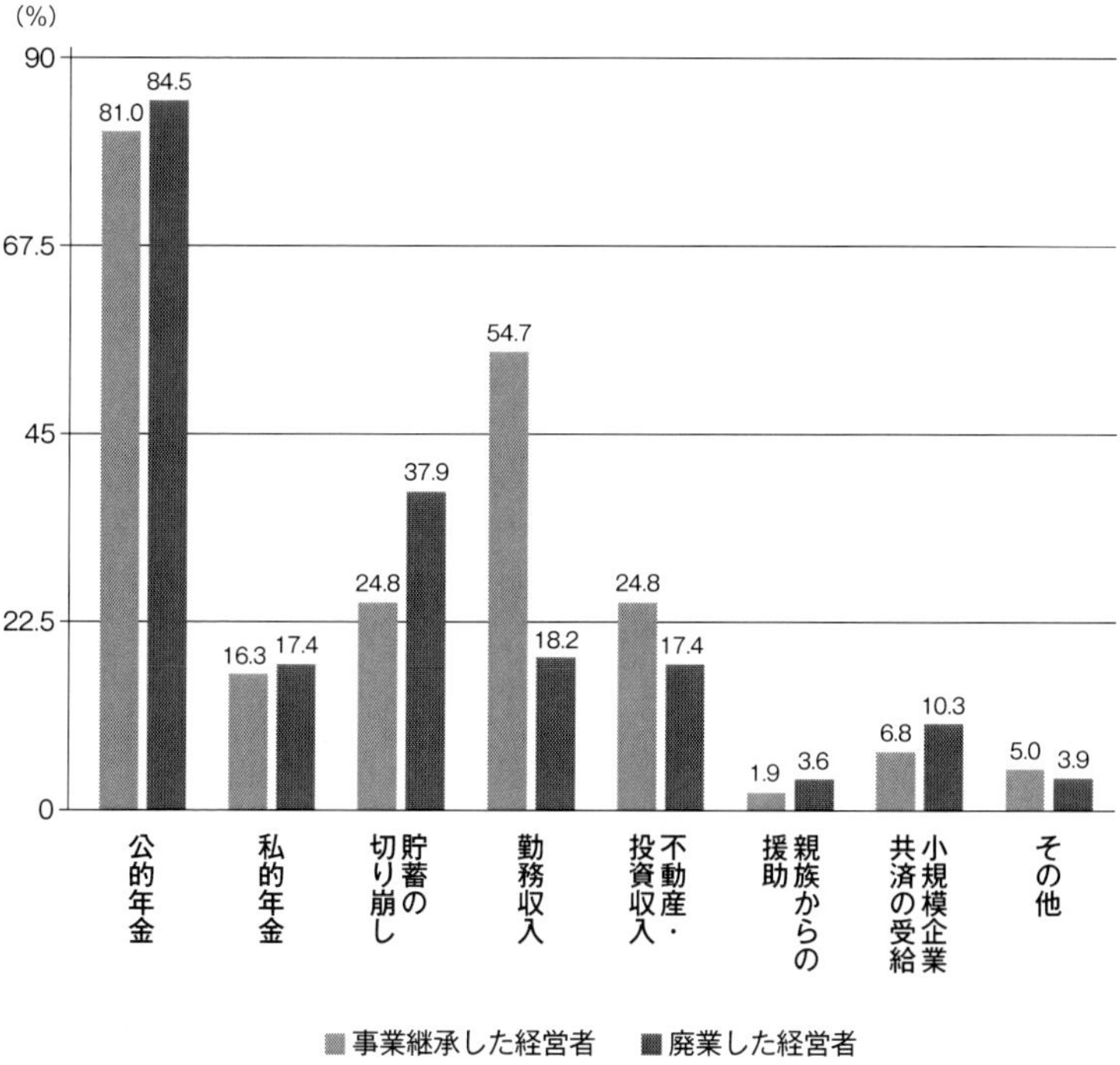

参考：中小企業庁

調査したものです。

廃業した経営者の84・5％が公的年金を頼りに生活をしています。事業承継を行った経営者でも81％の高い割合で公的年金で生活をしており、年金の受給額が低くなっている昨今では、引退後の生活に少々不安が残ります。

事業承継した経営者は、公的年金のほかに「勤務収入」を生活資金にあてている割合が54・7％と高くなっています（グラフ中央参照）。

事業承継・売却後の生活資金が不安な方は、会長や顧問などで会社に残留したり、新規事業を立ち上げたりと、公的年金以外の資金を確保しておくと安定したセカンドキャリアを楽しめるでしょう。

事業売却＝罪悪感を持つ必要はない

「自分の代で他人に譲渡してしまい、先祖に申し訳ない」

このような罪悪感からか、事業売却後に世間の目が気になり家にこもりがちになる経営者がいます。

たとえ事業売却の道を選択したとしても、罪悪感を持つ必要はありません。事業を手放すことは失敗ではなく、会社や従業員、自身の未来のための最良の選択だったと考えましょう。海外では事業承継をすると「次への道ができたね」「魅力ある会社を作れたね。おめでとう」と言う方が多いです。一方日本は最後までやり抜く美学がある一方で途中で交代することに関してどうしても後ろ向きな発想や考えが多いのがまだまだ多い傾向にあります。称賛、誹謗中傷などありますが、ほとんどの場合は情報不足になります。何もわからず感覚だけで話をする人については、さておいておきましょう。

これまで苦しいことやつらいことなど、一人で抱えて悩まれてきたことでしょう。会社の歴史を背負い、多くの困難を乗り越えてきた日々は、決して無駄にはなりません。最終的に事業売却という道を選択したのは、従業員や取引先などの未来を思い、最も良い結果を追求した結果です。

だからこそ、売却後は新たな人生のステージを迎えるための準備期間ととらえ、好きなことを大いに楽しんでください。罪悪感にとらわれず、これからの人生をいきいきと過ごしましょう。先代の経営者たちも、あなたが最善の選択をしたことを理解してくれるはずです。ここまで乗り越えてこられたあなたには、胸を張って次のステージへ進んでいただきたいと思います。

6-3 自身の経験をもとに、人の役に立っていく

M&Aで自分の時間を取り戻す

M&Aの成功は、経営者にとって一つの区切りであり、新たな人生のスタートラインです。これまでの忙しさから解放され、自分のペースで日々を過ごすことができるようになります。この自由な時間をどのように過ごすかは、経営者自身の選択に委ねられています。

限りある時間を無駄に過ごすのはもったいないことです。残りの人生から逆算し、自分のやりたいことを叶えましょう。そのためには前章でお話ししたように、棚卸しが大切です。セカンドキャリアの成功の秘訣は棚卸しをして自分の軸

をしっかりと定めることです。ここは妥協せずに、じっくりと検討してください。

私の場合は、家族との時間が増えたことが大きな喜びです。これまでは仕事を理由に家事育児は妻に任せ、積極的に関わってきませんでした。今は、子どもの行事に参加したり、家族と食卓を囲んだりと、ようやく一家団欒の時間が幸せであることがわかりました。

体調面でも治療に専念することができ、新たな事業への活力がみなぎってきました。難病を克服するべく再生医療を受けることもできました。プライベートでは会いたい人に会い、行きたい場所に出かけ、毎日思うままに過ごしています。思い立ったら即行動をさらに加速できるようになりました。このように書くと遊び呆けているようですが、決して無駄な時間を過ごさず、新規事業へ向けて着々と準備を続けています。

M&Aの経験をもとに、経営者の悩みに寄り添いたい

「引退後はのんびりと過ごすつもりが、数ヶ月すると新たな事業を始めたくなっていた」

このような経営者は珍しくありません。実は私もその一人です。

私がM&Aを経験してから、意外なことに多くの経営者から相談を受けました。さまざまな事情や悩みを抱えた経営者と話をするうちに、今後の私が人生をかけてやるべきビジョンが芽生えてきたのです。

後継者不在の経営者は常に不安を抱えており、気軽に相談できる場がありません。

事業についての相談は会計士・税理士、商工会議所などに相談するのが一般的です。しかし、事業の承継や経営者の問題は秘密事項が多く、相談相手の選択がとても重要になります。

M&Aを経験した私のような者が相手の方が、気軽に相談できる場合もあるのです。

私は自身のM&Aの経験をお話しすることで、経営者の抱える悩みや問題に寄り添いたいと考えています。もちろんM&Aだけが正解ではありません。事業承継、売却、廃業など、最適な選択肢は経営者によって異なります。

何より大切なことは、経営者自身が納得できる未来を見据えること。私に相談をしてくれた経営者の気持ちが楽になるよう、私の経験談が役に立てばとても嬉しく思います。

6-4 経験や人脈は見えない資産

次世代へバトンをつなぐ、学校を設立へ

経営者の相談を受けたり、勉強会に呼ばれて実体験の講演をしたりしていくうちに（もっと多くの経営者の悩みに寄り添いたい、もっと多くの経営者にこの事業承継やＭ＆Ａについて知ってほしい）と思うようになりました。

事業承継やＭ＆Ａを考えた時、深く悩んだり、期待や不安が入り交じる中、新しい知識を入れながらもがき苦しんだ日々でしたが、もしあの時に気軽に相談できる人や場所があったらどんなに助かったか、どんなに心強かったかと思います。

ビジネスの世界は常に変化しており、経営者は新しい技術や市場、環境、消費者のニーズなど、多くの知識を得る必要があります。

私たち経営者が長年にわたり築き上げてきた経験や知識は、会社から離れた後も大きな資産として残ります。この経験や知識を自分の胸にとどめておいてはもったいない。まだ未熟な経営者や若い起業家たちにとって、私たちの経験や知識は必ず役に立つと思います。

私は今回の経緯を活かし事業承継の学校を設立することにしました。学校のコンセプトは「みんなでバトンを継なぐ」です。

事業承継をする人も会社を引き継ぐ人もみんなでバトン（事業）を継なぐことを目指しています。また、世代も業種も異なる経営者たちと共に学び、継承力（学校では継活力といいますが）を更に高めてもらうことを目的としています。

一般社団法人ですので営利を目的としません。費用面でも気軽に参加できる学びの場も提供していくつもりです。「学び」と気構えるのではなく「ふらっと立ち寄ってみた」くらいの感覚で参加していただければと思います。なかなか人には打ち明けられない悩みのある方もどうぞお気軽にご相談ください。

積み重ねた経験や挑戦を資産にして、次の世代へ承継する。これが私の使命です。命ある限り人様の役に立ち、人の喜びにつながる時間にしていきます。

おわりに

経営者であれば、誰もが考え、誰もが通る道を少し早めに経験をさせてもらうことができました。会社の成長、スタッフの成長する姿、お客様の喜びの声、すべてが眩しい過去になります。また、病との戦いや自分自身の体について真剣に考えた日々や、事業承継へ向けて歩んだ時間はすべて将来に活きるものになりました。すべての出来事に意味があり、また苦しさからも楽しさからもそこから学べることは多くあることがわかりました。病気の人の書籍を見てもどこか他人事でしかなかった過去もあります。しかし当事者になれば、より真剣に考え、経験者だから伝えられることはたくさんあります。

経営者となり邁進して毎日楽しい日々を過ごしていれば、急にスゴロクのようなトラブルもあります。上り坂もあれば、下り坂もあるのが人生なのかもしれません。

しかし、どんな出来事もすべては幸せへつながる道であることを知りました。

神様がもしいるとしたら私に何を教えてくれているのか。
また、私の生きてきた経験でどのようなことが、人様の役に立てるのか。また、人様に喜んでいただけることは何かを模索した日々でもありました。

人はいつからでもスタートできる
人は思った瞬間に変われる
最後は、自分で自分を信じる道へ進むしかない

この書籍にはこれから事業承継やM&Aに向けて出発される方への道標になればという思いと、承継前にお世話になった皆様や経営に携わらせていただいた父母への感謝の思いを込めました。

M&Aや事業承継を考えていた時に親身になり、すぐに会社に駆けつけてくれた兄にも感謝の気持ちでいっぱいです。また、最初から最後まで多くの応援をしてくれた父にも感謝の気持ちでいっぱいです。来る日も来る日も寝ても覚めても

何度も時間を作ってくれた父からの愛はとてもあたたかいものがありました。考えの浅さや、意見の異なる時も常に黙って聞いてくれました。承継については、父に感謝の「ありがとう」と伝えるとともに「ごめんね」の気持ちでいっぱいです。承継のことを相談しながらも、誰にも相談できないことも多々ありました。誰も頼れない苦しさもありました。また、どうしていいのか、いろんな道を探すも答えが見つからない日々もありました。自分自身がこのような悩みを抱えていたからこそ、自分の経験を活かして、同じように1人で悩んでいる人の役に立つことができるのではないかと考えるようになりました。

経営者は一人で悩まなくていいと思います。一人で思い込む必要はないと思います。経営者は孤独とはいわれますが、孤独ではありません。これだけネットワークがある現在では人とのつながりを作ったもの勝ちです。経営者の頭はかたくなりがちです。そういつも一人で決めて一人で失敗して、一人ですべての責任を負って生きていくのはもうやめませんか？　困った時には、頼ったりしてもいいと思います。泣きたい時は泣けばいいし、悔しい時は、存分に気持ちを爆発させてもいいと思います。私は今回のM&Aでいろんな思いをすることができました。M&Aの教科書はたくさんあります。でも、M&Aを実施した人の経験談を聞く機会もないと思います。理論や手法は他の書籍でも十分すぎるほど学べますが、どうぞ私を頼っていただければと思います。少しでも悩める経営者の方、継承者の方々の力になれればと思います。

最後に書籍出版について多大なるお力添えをいただきました木全社長、西田さんありがとうございました。

そして、いつも側でたくさんの応援をしてくえる妻にも感謝の気持ちで一杯です。私自身が安心して仕事に打ち込み、そして療養にも専念できるのは、陰ながら家族や私を支えてくれる妻の存在があるからこそだと思います。

こうして振り返ると、改めて私はたくさんの人たちから支えていただける幸せ者だと思います。

多くの方から支えていただいているというこの気持ちを忘れず、今後はまた今までと違う形で、多くの人から「ありがとう」と言っていただける人になっていきたいと思います。

■出展一覧

図 1-1　帝国データバンク「後継者不在率推移（全国・全業種）」
https://www.tdb.co.jp/report/watching/press/pdf/p221105.pdf

図 1-2　中小企業庁「M&A 件数の推移」
https://www.chusho.meti.go.jp/pamflet/hakusyo/2021/chusho/b2_3_2.html

図 1-3　中小企業庁「事業引継ぎ支援センターの相談社数、成約件数の推移」
https://www.chusho.meti.go.jp/pamflet/hakusyo/2021/chusho/b2_3_2.html

図 1-4　中小企業庁「売り手としての M&A を検討したきっかけや目的」をもとに著者作成
https://www.chusho.meti.go.jp/pamflet/hakusyo/2021/chusho/b2_3_2.html

図 1-5　中小企業庁「経営者年齢別、売り手としての M&A を検討したきっかけや目的」をもとに著者作成
https://www.chusho.meti.go.jp/pamflet/hakusyo/2021/chusho/b2_3_2.html

図 1-6　中小企業庁「廃業を考えている理由（小規模法人・個人事業者）」をもとに著者作成
https://www.chusho.meti.go.jp/pamflet/hakusyo/H29/h29/html/b2_2_2_2.html

図 1-7　中小企業庁「廃業の可能性を感じてから行った取組」をもとに著者作成
https://www.chusho.meti.go.jp/pamflet/hakusyo/H26/h26/html/b3_3_3_2.html

図 1-8　帝国データバンク　全国企業「後継者不在率」動向調査（2022）をもとに著者作成
※社長年齢が判明した 30 万 860 社
出典：帝国データバンク　2017/11/28『後継者問題に関する企業の実態調査』

図 1-11　帝国データバンク　全国企業「後継者不在率」動向調査「就任の経緯（2022 年）」をもとに著者作成

図 6-1　中小企業庁「直近 1 年間の生活資金」
https://www.chusho.meti.go.jp/pamflet/hakusyo/2019/2019/html/b2_1_4_3.html

『社長！事業承継はどうしますか？』購入者特典

事業継承ワークシート ダウンロードのご案内

この度は『社長！事業承継はどうしますか？』をお買い求めいただき、まことにありがとうございます。

今回そのお礼として、書籍に掲載されている貴重なワークシートを無料でダウンロードいただける特典をご用意しました。

QRコードからアクセスし、プリント書き込み用のPDFファイルやパソコンでの入力が可能なMicrosoft Excelのxlsxファイルをダウンロードできます。

事業継承のプロセスにおいて、このワークシートがお役に立つことを心より願っています。

今後の成功に向けて、是非ご活用ください。

西川正悟（にしかわしょうご）

事業承継・M&Aコンサルタント、継活大学 学長

2013年に代表として父の事業を引き継ぐものの代表就任から3年後に2つの難病とガンが見つかる。

会社規模を拡大しながらも経営者としての日々と病魔との闘いを繰り返す。

2023年にM&Aを通じて会社の売却を実施。

今までの哲学の「人生＝仕事」から自身の棚卸しをし、新たな価値観を得ることになる。

事業承継の経験から得た葛藤や教訓を共有するうちに、セミナーや研修での講演依頼が増え、全国へ活動範囲を広げている。

事業承継やM&Aの中立的な第三者機関として株式会社しーSmileを立ち上げ、より多くの経営者の相談窓口を開設。

また2025年問題の解決策として、一般社団法人綜合継承の会（通称「継活大学」）を設立。学長として60～75歳の経営者を対象に勉強会を開催し、事業承継の実践の場を創出している。

その他、名古屋市なごやか市民教室の講師、中部大学学外特命教授としても活動し、その知見を広めている。

人生のモットーは「人の役に立ち、人々に喜んでもらえる生き方をする」

社長!事業承継はどうしますか?

M&A経験者が教える事業売却で起こることのすべて
（お金の事、人の事、社長自身の事）

2024年4月2日　初版発行

―著　者―
西川正悟

―発行所―
株式会社　三恵社
〒462-0056
愛知県名古屋市北区中丸町2-24-1
TEL 052-915-5211　FAX 052-915-5019
URL https://www.sankeisha.com/

ISBN978-4-86693-913-1 C0034